光言社文庫

[illegible]節と儀式

文鮮明
Sun-Myung Moon

光言社

礼節と儀式　目次

もくじ

第四章　祝福家庭の伝統と生活礼節

＊本文中、各文章の末尾にある（　）内の数字は、基本的に原典『文鮮明先生み言選集』の巻数とそのページを表します。その他のものもすべて韓国語です。

例：（一二三―四五六、一九七三・一〇・二〇）

＝第一二三巻、四五六ページ、一九七三年十月二十日に語られたみ言

：（祝福家庭と理想天国Ｉ―一二三）＝韓国語版祝福家庭と理想天国Ｉ―一二三ページ

：（御旨と世界―一七二）＝韓国語版『御旨と世界』一七二ページ

第一章　神様に対して侍る礼法

一　神様に侍って生きるべし

1　神様と人間は父子の関係

因縁の中でも標準となる因縁は、神様と人間の間に結ばれた親子の因縁です。この因縁から始まった心情は、どんな存在の権限にも曲げられない永遠で、不変で、唯一なものです。

また、この心情の権限は絶対的なものです。それゆえこの権限をもって現れる時、すべての存在物はその前に頭を下げざるを得ませんし、この心情の権限をもって動かす時、全天下は、それに従って動かなければなりません。これが宇宙の鉄則です。

（七―一〇五、一九五九・七・二六）

＊

神様が創造当時、理想として願った真《まこと》なる愛、偉大な愛を中心として人間との愛の関係を結び、一つになり得る神人愛一体の家庭を成したならば、今日、私たちは「天国だ、地獄だ」と心配することなく、ただそのまま天国に入るようになるのです。（二七五―五四、一九九五・一〇・三一）

＊

父と息子が出会える最高の場所とはどこでしょうか。愛が交差する中心、生命が交差する中心、理想が交差するその中心で出会うのです。そのように見ると、愛と生命と理想が一つの場にあるというのです。その場に行けば神様も愛であり、私も愛であり、神様も生命であり、私も生命であり、神様も理想であり、私も理想になるというのです。これを決定づけ得る最初の因縁と最初の統一の場所が、親子関係が成される場でなければなりません。これは間違いのない事実です。（六九―七八、一九七三・一〇・二〇）

＊

皆さん、「父子一身」という言葉はいったい何を中心として言う言葉ですか。これは愛を抜いてはいけません。愛と生命と血統が連結されています。

この三つの要件が必要です。「父子一身だ」と言う時、そこには必ず愛と生命と血統が連結されなければなりません。（一九七―二三四、一九九〇・一・一九）

＊

言葉で結ばれる親子の関係、約束だけで結ばれる親子関係は必要ありません。心を尽くし、精誠を尽くして父のみ旨のために生き、骨肉が溶けるような苦痛の中でも耐えて勝利する時、私たちは神様と親子の関係を回復できます。（二一―二三四、一九五七・六・二）

＊

神様から愛を受けたいと思うその最高の立場とは、どのような立場でしょうか。その立場はまさしく息子の立場であり、娘の立場です。神様には天情があり、私たち人間には人情があります。この人情と天情が互いに合わさることのできる帰着点となる場は、絶対者である神様も願い、人間も願うただ一つの場、すなわち一父母を中心とした息子、娘の立場で互いに愛を与え受けることのできる場です。（三九―九、一九七一・一・九）

＊

本来はアダムとエバが互いに最高に喜び合う中で、最高の生命力が発揮され、最高の力が一つになり、全体の理想の力まで一つにならなければならないのです。そのような中で、愛の花が咲かなければなりません。それで花のように咲いて、その香りが全天下を覆っても余りあり、神様がその花を見つめて花の香りを味わいながら、自らそこに酔うことのできるそのような愛を、神様は夢見ていたのです。（一〇四―四四、一九七九・三・二八）

＊

アダムと神様が一つになって、互いに愛があふれる時、アダムは神様になることができます。アダムが愛によって神様と完全に一つになる時に、神様はアダムに臨まれます。聖書にも、「あなたがたは神の宮であって、神の御霊《みたま》が自分のうちに宿っていることを知らないのか」（コリントⅠ三・一六）とあります。私たちが神様の聖殿です。（五四―一三九、一九七二・三・二二）

＊

神様は皆さんの近くにいらっしゃり、誰よりも皆さん一人一人を心配していらっしゃる方だということを知らなければなりません。

この世では肉親の愛が一番大きいと思っていますが、神様の愛はそれよりも大きく、深いのであり、この世のどんな人間的な愛よりも深く、大きいものであることを知らなければなりません。

このような神様の愛の懐に抱かれて、「お父さん」と呼べる皆さんにならなければばなりません。「お父様の悲しみを私は知っております」と言える立場で、神様の内的な心情を体恤《たいじゅつ》する真《まこと》の息子、娘にならなければなりません。そのような息子、娘となり、神様に侍る天国を所有するならば、その天国は誰も奪っていくことができません。（二―一三四、一九五七・六・二）

＊

父子一身という愛の論理圏内においては、父の所有は息子の所有になるのです。夫の所有は妻の所有になるのです。愛を中心としては相続権が永遠に保障されるのです。真なる神様の愛の対象者として因縁を結んだ息子、娘となったなら、その人においては、神様の体も私の体であり、愛も私の愛であると同時に、造られたすべてのものも私のものになるのです。

ですから皆さんの中には、天下を占領しようという本性の欲心が残っているのです。これが神様の人間に共通に分配してくださった、宇宙を所有できる神様の息子、娘の権限を引き継がせるための贈り物だったというのです。（一九九―三四六、一九九〇・二・二一）

2　一体となった生活をしなければならない

すべての宗教では、「見るものをいい加減に見ないで、聞くものをいい加減に聞かないで、話すことも、人に対することもいい加減にしてはいけない」と言います。見るのも、聞くのも、言うのも、感じるのも、愛するのも、すべてが神様を中心としてしなければならないのであって、自分を中心としてしてはいけないということです。(六六―一三一、一九七三・五・一三)

＊

皆さんは神様に侍る者として、うれしい時に神様をどれほど喜ばせましたか。皆さんがおなかのすいた時に御飯を食べながら感じる有り難み以上に、神様に侍ってさしあげましたか。皆さんは良いものを食べる時や着る時、そして悲しい時や大変な時にも、いつも神様に侍らなければなりません。そうすることによって、神様の心に覚えられる理由を残さなければなりません。(一七―二九一、一九六七・二・一五)

＊

私の意識と直感と感覚器官一切が、父のものであり、私が感じ、意識する全体が父のものだという観が決定されなければなりません。そのようにならない限り、心情を通じて動く天を所有することができないということを、はっきり知らなければなりません。(八―一九四、一九六〇・二・一四)

＊

人間は誰でも、心情的に神様と一つになるようになっています。お父さんである神様と子供の人間は、正に心情で連結されています。(五五―一六三、一九七二・五・七)

＊

私たちが話をし、見て、感じ、また感情的に体感する一切も、神様を中心として因縁をもったものでなければなりません。(五三―一三九、一九七二・二・二九)

＊

私たちは神様に侍り、父母に侍って生きるのです。話をするときも、行動をするときも、寝ても覚めても侍る生活をしなければなりません。このようなコンセプト(概念)さえもてば、二十四時間サタンが侵犯することは全くありません。(一六一―一二三二、一九八七・二・一五)

＊

朝、寝床から起きて初めの言葉を天の前に捧げ、家を出る時も、第一歩を右足から踏み出し、天の前に捧げなければなりません。平素の習慣がこのようになれば、皆さんの生活は侍義《じぎ》生活になり得るのです。このような観点で、皆さんは原則的な基準で生活態度を取っていかなければなりません。（一七―二九六、一九六七・二・一五）

＊

私たちが朝起きて感じるすべての感覚、動作が一つの目的を中心として、いつも直線上に帰一できなければなりません。その点を喪失すれば、み旨と私とは関係を結べないということを否定できません。（五七―二三一、一九七二・六・四）

＊

天国は、侍る生活をしたことを誇る所です。それならその天国とは、どのような者が行く所でしょうか。主を信じて福を受けるために、福を先立てていく者が行く所ではありません。

天国は、侍るために心情的に準備する生活をした者たちが行く所です。準備する期間に死ぬとしても、侍る生活を残して喜んでいくことのできる者が行く所です。そこに復活があるのです。（八―二〇四、一九六〇・一一・一四）

今は三合（神様、真《まこと》の父母、皆さん）が一致しなければなりません。歩調を合わせなければならないということです。生死の決定的内容がかかっているので、三者が一致する点で一つにならなければなりません。その点に生命の復活圏があります。その点が、真《まこと》の父母と皆さんが一つになって一致できる連結点です。そこで一心統一が起こるのです。ですから皆さんは、み旨と一致した生活をしなければなりません。

（三一―三二一、一九七〇・六・七）

＊

一日二十四時間の生活圏内で私が見聞きしたすべてのことは、何のためでしょうか。神様のためです。神様のために見たり聞いたりしなければならないし、感じることも神様のために感じなければなりません。私たちは地上で生活していますが、天上世界の生活と連結させて生活しなければなりません。（三五―一八四、一九七〇・一〇・二五）

＊

毎日のように慕わしく思えない人は、神様に侍ることはできません。皆さんは誰を慕うとしても、いつも慕わしさに浸っていなければなりません。しかし、夜十二時になると「さあ、寝よう」と言う人は神様を心配させる人です。天国には昼夜がないのです。心情の因縁を抱いて出る時、夜が問題ではないというのです。（一七―

（二九三、一九六七・二・一五）

＊

本来、神様と完全に一つになったのちに、私を中心として生き、私を中心として考え、私を中心として愛するのが原則です。それをはっきりと知るべきです。そのようになれば、自分を中心として考え、自分を中心として愛しても、それは神様を中心とした考えになり、神様を中心として愛することになるのです。それが原則だというのです。（九二—一六六、一九七七・四・三）

＊

お父様である神様に出会うために、神様と因縁を結ぶために、どれほど精誠を尽くしたかということが自分の財産です。（五〇—二八八、一九七一・一一・八）

＊

皆さんは涙の谷間で父を呼ぶ時、応答を受けられる息子、娘にならなければなりません。

涙を流す場で「お父様！」と言う時、「おお、私がここにいるから耐えなさい」と、血と汗を流す苦痛がしみる場で「お父様よ」と言う時、「私が忍耐したのだからお前も耐えなさい」と、死が迫りくるその瞬間にも、「私がいるから安心しなさい」という言葉を聞ける皆さんにならなければなりません。

そのような場でどれほど父に侍り、どれほど父と共に相談し、どれほど父と共に生きたのかということが問題になるのであって、栄光の場では父をいくら呼んでも問題にならないというのです。なぜならば、お父様がまだ栄光の日を迎えていらっしゃらないからです。（一一―一〇二、一九六一・二・一二）

＊

「ああ、おなかがすいた。ああ、御飯、御飯、御飯！」と言いますが、それは誰のために食べるというのですか。神様のために食べると、そうでなければなりません。

どのようにすれば神様のために食べることになるのでしょうか。私が神様の完全な聖殿になったならば、「神様の聖殿である私のおなかがすけば、中にいらっしゃる神様が御飯を食べようと言われる」このように考えなさいというのです。そのように御飯を食べれば、その御飯は聖なる御飯になるのです。御飯が御飯様になるのです。（九二―一六六、一九七七・四・三）

二　侍る心構えと態度

1 侍ることによって生活の天国化を成す

神様は、妄想的で観念的な神様ではありません。抽象的な神様ではありません。生活的な主体性をもって、常に私たちが暮らしている生活の主人として、共にいらっしゃるのです。侍られるだけではありません。共同的愛を中心として、共同的な生活をしていらっしゃる神様です。夢のような話です。(一六八―一一一、一九八七・九・一三)

＊

神様を心の中に侍り、私たち人間が体の立場で完全に一つになることのできる起源をつくらずしては、この悪魔の世界を清算する道がありません。このような観点から見る時、侍る時代、侍義の救援時代だと見るのです。侍ることによって救われるのです。神様は、あの空中に掛け離れている神様ではありません。私たちの生活

圏内の主体者としての神様に侍らなければなりません。(一四四―一七四、一九八六・四・一五)

＊

皆さんは、神様がいらっしゃることを一日に何回自覚しますか。二十四時間の中で何回神様がいらっしゃることを感じますか。「侍ることによって救いを受ける」と言う人たちが、二十四時間の中で一、二時間ぐらい侍っていてよいでしょうか。

空気よりも切迫して必要なのが神様です。水よりも切迫して必要なのが神様です。御飯よりももっと貴いのが神様です。ところで皆さんは、そのように感じられますか。(三三―一三〇、一九七〇・八・一六)

＊

これから皆さんは、侍る生活をしなければなりません。今までの信仰生活は信仰によって救いを受けましたが、これからは侍ることによって救いを受ける時代です。本来堕落しなかったならば、神様に侍ることによって私たちが行くべき道を歩むのです。侍るには、皆さんの生活と心で共に侍らなければなりません。(一五〇―一一三、一九六一・四・一五)

＊

侍る生活をすべき私たちです。願いの天国は迎えましたが、侍り実践しながら生活できる天国は迎えられませんでした。すなわち、生活的な面で主体の神様を知りませんでした。（六一―二二六、一九五九・五・一七）

＊

私たちがこのように習い、聞き、侍る生活をするのは何のためですか。六千年間、人類があえいできた目的は何ですか。それは聖書に流れている神様の事情を知り、神様の心情を知るためです。

民族や国家は言うまでもなく、個々人をおいても父母の心情をもって対し、傷つき、蹂躙《じゅうりん》され、排斥され、引き裂かれてこられた神様が私の父だということを知るためです。（八一―二五三、一九六〇・一・一七）

＊

成約時代は、愛の時代です。ですから結婚できるのです。今まで宗教時代には愛を許さなかったので、高次的な宗教は結婚を許さなかったということを知らなければなりません。（九六―一一七、一九七八・一・二）

＊

神様は「ため」に生きる宇宙の中心存在なので、その前に近く行けば、千年、万年主管されてももっと主管されたいのです。神様を中心とした侍る道理がそのようになっているので、今日、私たち人間もそのような立場で主管されれば、それ以上の幸福はないというのです。その事実を、私たちは考えることすらできませんでした。（七七―三二八、一九七五・四・三〇）

＊

信仰の義であるとか、行いの義であるとか、侍る義を追求するのはなぜでしょうか。義でなければ善悪を分別できないからです。悪なる世界と善なる世界が分かれません。その善の基準点の中心点となるのは何でしょうか。神様です。神様が信じるのと同じように、神様が行うのと同じように、神様が侍るのと同じように、いつも神様が中心にならなければなりません。それは、なぜそうでなければならないのでしょうか。

サタンは神様のように義なる者に対しては、讒訴《ざんそ》できないというのです。神様が信じ、神様が行い、神様が生活する、侍る環境に処していればサタンが干渉できません。

サタン圏内にいても、その環境に神様のようにできる義なる基準が生じれば、サタンはそこから後退するのです。（一六一―二一八、一九八七・二・一五）

＊

行いの旧約時代が過ぎ去り、信仰の新約時代が過ぎ去り、侍る成約時代だけがあるのではありません。成約時代になっても行いが必要であり、信仰が必要であり、侍る生活もみな必要なのです。それは蘇生《そせい》、長成があって、長成の上に完成があるのと同じだというのです。それは切っても切れません。(一六一―二一八、一九八七・二・一五)

＊

統一教会では「侍ることによって救われる」と言います。侍義《じぎ》、すなわち侍ることによって救いを受けるというのです。

春夏秋冬、洋服を仕立てて着る男性がいるならば、お父さんにも仕立ててあげなければいけません。その方が体をもった方ではないので、代わりに精誠をためておいて、ある時が来ればそのためられた精誠を、誰が見ていても見ていなくても自分一人、教会のために神様に侍る心で涙を流しながら献金箱に捧げれば、その精誠は契約の箱に積まれるのです。これが観念的ではなく、感情的に体化され、表現できる生活にならなければなりません。(四八―三二八、一九七一・九・二六)

＊

侍る生活は、なぜしなければならないのでしょうか。それは、神様の愛を受けるためのものです。(七八―三〇、一九七五・五・一)

＊

今までの信仰生活は信仰によって救いを得ましたが、これからは侍ることによって救いを得ます。本来堕落しなかったならば、神様に侍ることによって、私たちが行く道をみな行くのです。信じるといって、何を信じますか。侍って生活することにより、みんなできるのです。侍るには、皆さんの生活と心で、共に侍らなければなりません。（一五〇―二一三、一九六一・四・一五）

＊

今は、個人なら個人として神様に侍る生活、家庭なら家庭として神様に侍る生活、教会なら教会として神様に侍る生活、あるいはこの民族を中心として、神様が要求される侍る基準を、どのように新しい伝統として設定するのかが問題になります。（三八―一二、一九七一・一・二）

＊

統一教会時代は、父母様の時代です。神様が地に臨むことができ、神様が来られることのできる道を築くのです。それゆえに、神様が来られるようになるとき、「侍ることによって救いを得る」という言葉が成立するのです。歴史はそのように発展するのです。（一七七―一五七、一九八八・五・一七）

＊

侍る場に同参するためには、今まで悲しんでこられた神様を慰労してあげることができ、悲しい精誠の事情に同参することのできる内容を備えなければなりません。これを紹介し、それに伴う蕩減《とうげん》条件を神様の前に立てるために出てきたのが復帰原理です。（一七—二四五、一九六七・一・二九）

＊

皆さんは、侍る生活をしなければなりません。では、侍る生活は、なぜしなければならないのでしょうか。神様の愛を受けるためだということを知らなければなりません。ですから神様に先に侍らなければなりません。神様に侍らなければならないというのです。（七八—三〇、一九七五・五・一）

2　法度に背けばお怒りになる

神様に侍るには法度があります。その法度に背く時には神様は怒られるのです。（一七—二八七、一九六七・二・一五）

＊

皆さんは、生活の中で法度を守ることができなければなりません。天が要求する天国の法度を守り、また天国の法度を守ると同時に、天国生活をすることができなければなりません。そして天国生活をすると同時に、天国の愛によって一つにならなければなりません。（一一―三三七、一九五六・一二・三〇）

＊

神様が喜ばれ、悲しまれることをいつも鑑別しながら生きる人は、悪い人になろうとしてもなれず、天の法度に背こうとしても背くことができません。そのような男性は、いくら美人が誘惑しても堕落しません。そこに同化されないというのです。（四〇―一九七、一九七一・二・七）

＊

今日、家庭を脱皮する不幸な青年男女が多い原因は、どこにあるのでしょうか。天倫の法度に一致した愛が喪失されたからです。

それで家庭を中心に、神様にその家庭に座っていただける天地父母が顕現しなければならないのです。（二一―一五五、一九六八・一一・一七）

＊

主体のための対象の位置は、不平があり得ません。不平を言うのは妄動です。破綻です。ですから、信仰の道は不平を許しません。感謝だけがなければなりません。皆さん、それを知らなければなりません。天は、いつも主体としていらっしゃるので、主体と共に関係した運命をもって、それから離脱する生活の法度、生活の形態はあり得ないのです。（五八―三二〇、一九七二・六・二五）

＊

天理は順序を正しく守るところで成立します。ですから主体と対象の関係で、天は絶対的な主体の立場に立たなければなりません。その主体を無視する人は対象になれません。絶対的な主体の前に絶対的な対象になろうとするので、絶対的に一つです。ですから、見て、聞いて、感じるすべてのことは、家庭に入り、愛することまでもすべて対象と主体の立場に立って、天のためにするのです。一切がそうなのです。そのような家庭は滅びません。（五八―三二〇、一九七二・六・二五）

＊

最後に残るものとは何でしょうか。神様プラス人間、神人、神人の生の道、神人生活観です。人生観も同じように、神人人生観、神人世界観、それが漠然と神様に対し、人が知ることのできる程度の座ではなく、人が永遠に落ちようにも落ち得ない座です。

なぜですか。神様と人は、本来落ちることができない座から落ちたので、落ちるべきではなかった座、それ以上の座に到達しなければなりません。そのような座で神人が一つになった生活的な舞台、世界的な舞台を要求していかなければなりません。（六五―一二七、一九七二・一一・五）

＊

勝利的な主管権を立てるために、神様と共に生きなければなりません。ですから皆さんは、絶対的な信念をもって侍る生活を中心として、立体的な立場で生活していってこそ勝利的基台を成すことができるのです。復帰の道がそのようになっています。（一四―二四七、一九六五・一・一）

三　真《まこと》のお父様が神様に仕える法

1　至誠感天

心を尽くし、思いを尽くし、精誠を尽くしなさいという言葉は、何を意味しているのでしょうか。それは生命を捧げなさいということです。それ以上、何がありますか。心を尽くしなさいというのは、生命を差し出しなさいという言葉です。思いを尽くしなさいというのも、精誠を尽くしなさいというのも、生命を差し出しなさいという言葉です。

「至誠、天に通ず」という言葉があるでしょう。至誠の限界点、私の心の果てとはどこでしょうか。生命を懸けて精誠を尽くしなさいというのです。首を差し出し、死ぬ覚悟で精誠を尽くす人は、神様が「知らない」と言えないのです。（三八―一二四二、一九七一・一・八）

＊

生命を差し出すにも無理やりするのではなく、狂うように喜んで差し出しなさいというのです。どうせ生命を差し出すのに、泣きながら差し出すことを神様が願われるでしょうか。でなければ喜んで狂うほど、死んでもよいと踊りながら差し出すのを好まれるでしょうか。どちらでしょうか。（四八―一一四、一九七一・九・五）

＊

先生が床に伏して祈祷する時は、涙が乾きませんでした。ここ（膝《ひざ》）にたこができました。「精誠を尽くした塔は倒れない」という言葉があるではないですか。神様のために精誠を尽くさなければなりません。

神様が慕わしくて狂うほど、胸が張り裂けそうな境地にまで入らなければなりません。神様がいらっしゃる所が地上ならば、一日に千回行ったり来たりしたい気持ちがありますが、そのような地上ではないので、仕方なく先生を送ったのです。そのような何かがあるので、皆さんが先生を愛さずにはいられないようになっているのです。

どうして訳もなく、そのように情が移りますか。涙を流し祈祷する時、真冬に綿入りのズボンを涙でびしょぬれにしたことがありました。どれほど気が遠くなりそうだったか考えてみてください。ナイフを立てておいて談判祈祷をしたのは、一度や二度ではありませんでした。（六〇—一二二、一九七二・八・一七）

＊

皆さん、ここにダイヤモンドの鉱山があるとしましょう。自分だけが知っている、そのような所があればどうなるでしょうか。それのために自分の家庭も売らなければならないことが起こったとしましょう。妻を売って多くの家庭を救うならば罪ではありません。自分の子供を売って国の多くの息子、娘を救うならば、それも罪ではありません。

しかし、自分の欲心のために売ってはいけません。その鉱山が、国と民族を生かせる道であり、世界万邦の人間たちが生きる道だという時は、自分の妻と子供を売ったとしても歴史の前に罪になるのではありません。国を生かすために、世界を生かすために、妻や子供を売るのはいけないことのようですが、かえって世界がたたえることのできる宝の根源が宿り得るのです。（二一―三二四、一九六八・一二・八）

＊

御飯を食べても水を飲んでも、座っても立っても、誰に対しても、父母の前に、天の前にすべての心情を見せられれば満点です。知識や学識があるからできるのではありません。

神様の前に、「私、誰々博士です」と言って生きますか。それは必要ありません。では、神様の愛を私がどのように導くことができますか。ただ一つの道は「至誠、天に通ず」、これ以外にありません。（七八―三八、一九七五・五・一）

＊

先生の一生のモットーは、「神様の代弁者」でした。今日、皆さんは、天的な代弁者になってくれるようお願いします。そして神様の代弁者になり、神様の代わり

の存在になり、さらには神様の代死者になってくれることを願います。（九一七、一九六〇・三・一三）

＊

とてつもない歴史的終末時代に、誰も信任できない孤独な所にいらっしゃる神様の前に、私たちが信任の対象になれるならば、それ以上願うことがありますか。死んでもよいというのです。

私の肉身が水となって流れていったとしても、何の恨《ハン》があるでしょうか。粉となり飛んでいったとしても、何の恨があるかというのです。この世には、犬畜生のように死んでいく無価値な人生がいくらでもあるのです。（六二一一四〇、一九七二・九・一七）

＊

不平を言ってはいけません。不満を抱いてはいけません。自分を考えてはいけません。神様を思いながら、「私が不平を言えば、どんなに神様の心が痛むだろうか。その方の事情を私が知り、その方の伝統を相続し得る一瞬が私の前に訪れたなら、それを引き継いでその方についていきながら、その方を慰労しよう」という心をもつのです。

そうしながら涙を流す、その場に天が共にいらっしゃるのです。間違いありません。神様のために泣き、父母様のために泣かなければなりません。これが統一教会の祭壇であり、統一教会の侍る生活であることを皆さんは知らなければなりません。（一一四―二八一、一九八一・一〇・二〇）

＊

「神様の愛と共に生きる」と言いましたが、さて皆さんの生活目標はどうでなければならないでしょうか。愛の心情をもって侍る生活をしなければなりません。そのような心でハンカチに向かって敬礼しても、偶像崇拝ではありません。

愛の心情をもって頭を下げるのに、何がそれを支配できるでしょうか。自分の栄光を超越して心情で敬礼するならば、サタンが「これ以上そうするな」と言うのです。天宙の心情を通じていくなら偶像がないのです。（九―一七四、一九六〇・五・八）

2　孝子の道

先生は、おなかがすいて疲れて倒れることがあったとしても、どうすれば神様が心配するその道を私が先立って行くか、背負うことのできる十字架の道があるならばどのようにその道を行こうかと考えました。

しかし皆さんは、このような道を行こうと準備してはいません。今日、皆さんは、侍ることによって救われるということを知りながらも、ずうずうしく眺めています。そのような心でとどまっていてはいけません。(一三―二三三、一九六四・三・二二)

＊

先生が何をされるか分からなければ眠れないので、夜中にでも飛んできて尋ねていくことのできる、そのような生活をしなければなりません。それで、「侍ることによって救われる」と言いました。先生は神様に対して、いつもそのように生きています。瞬時も気を抜けません。(二一―六八、一九六八・九・九)

＊

皆さんは侍義《じぎ》時代、すなわち侍る生活において正確な中心をもっていかなければなりません。神様に侍るには法度があります。その法度に背く時には、神様はとても怒られるお方です。

子を愛する親が子の言う一言で、胸に釘《くぎ》を打たれたり抜かれたりするのと同じように、神様も人間を愛していらっしゃるがゆえに怒りが多いのです。ややもすると、間違えて神様から怒りを買うことになります。ですから先生も、いつも先生なりに神様を喜ばせてあげようとします。(一七―二八七、一九六七・二・一五)

＊

皆さんも、皆さんを思ってくれる人を訪ねていくでしょう。神様も同じです。その神様を占領できる道は、誰よりも神様を思い、神様のために奉仕しようとする道です。その人を中心として神様は訪ねてこられるのです。（一二八―一七二、一九八三・六・一二）

＊

先生は、神様の前に、綿入りのズボンがびしょぬれになるほど祈祷したことが何回あったか知れず、ナイフを持ち、おなかにあてて誓ったことが何回あったか知れず、死の峠を越えながら、心に固く決意したことが何千万回あったか分かりません。（一九―一九、一九六七・一一・五）

人間において神様を愛するのが第一の戒めですが、愛するのに、死ぬほど愛すべきですか、一時的に愛すべきですか。皆さんは、神様を死ぬほど愛したいですか、死ぬほど愛したくないですか。雷に打たれて死ぬとしても愛さなければいけません。神様を死ぬほど愛さなければならないというのです。死ぬほど愛さなければならないなら、死ぬ前までは、できないことがないというのです。（三七―一二五、一九七〇・一

二・二三）

＊

皆さんは、目がつぶれ、鼻がふさがるほど泣きながら慕わなければなりません。人が泣きすぎると胸が痛くなります。それほど激烈に慕わなければなりません。「お父様！」と呼ぶのに、死刑場に引かれていく息子の立場で父を呼ぶ人もいるでしょう。遠い他国に旅立つ息子の立場で、哀絶に父を呼ぶ人もいるのではないでしょうか。それゆえ神様、お父様を呼ぶ時、そのような基準以上にならなければなりません。（五〇―二八八、一九七一・一一・八）

＊

白頭山《ペクトゥサン》の頂上に登ってそこで岩を砕き、畑を耕し、じゃがいもを植え、そのじゃがいもを神様に奉養できますか。それをしなければなりません。その時は、牛がいなくて、愛する妻を牛の代わりにして畑を耕したなら雷に打たれるでしょうか。打たれないでしょうか。妻を牛の代わりにして畑を耕すという時、神様が「おい、やめなさい」と言えばやりますか。「あなたの心を尽くし、思いを尽くし、精誠を尽くしなさい」と言いました。やりますか。しなければなりません。（三七―二五、一九七〇・一二・二二）

＊

皆さんは、現在どこにいますか。昼も夜もいつも、どこに行っても先生と共に歩調を合わせて生きていますか。今まで先生は、この頭をもって生きてきたのではありません。神様と共に、神様が行く方向に歩調を合わせながらすべて、生命をすべて投入して生きてきたのです。(三一―三二〇、一九七〇・六・七)

＊

先生は一日一日の生活において、重要な問題は必ず神様に祈って解決します。いい加減にはしないというのです。(四三―二三三、一九七一・四・一八)

＊

この道を行くためには、愚鈍でなければなりません。忠臣たちは、ある意味で間抜けな人たちです。少しは愚鈍に見えます。熊のような性格があるというのです。自分の腕が切られても、「ああ、ここがあまり切れていない。もっと切りなさい」という愚鈍な面がなければなりません。熊や猪《いのしし》は、銃に撃たれて足手まといになる部分があれば、その部分をかみ切って逃げます。死はあとで考え、いったん足手まといになるものを切ってしまいます。そのような愚鈍な何かがなければなりません。忠臣烈士は愚鈍でなければなりません。少しは愚かでなければならないという

のです。（二六―一四三、一九六九・一〇・一九）

＊

神様を解放しようというのです。真《まこと》なる神様の権威を中心として、理想郷で人類始祖と共に無限の幸福を褒めたたえつつ生きる、侍る生活の中で、侍られながら過ごされるべき神様がこのように悲惨になったという事実を知ったので、その神様を私たちの手で解放しようというのです。これは驚くべき提案です。そのような内容が宗教界から出てきたという事実は、神様において極めてうれしい知らせです。福音の中の福音です。このように見る時、仏教を立てられた方も神様であり、儒教を立てられた方も神様であり、イスラーム（イスラム教）を立てられた方も神様であり、キリスト教を立てられた方も神様なので、すべての宗教が両手を挙げて歓迎しなければなりません。（一七六―二四二、一九八八・五・一二）

＊

先生は今までみ旨のために苦労をし、今も寝ても覚めてもその道を歩んでいます。先生の近くで侍ったことのない人は、先生のことをよく知りません。先生は寝ていても、目が覚めさえすれば、うつ伏せになって祈祷します。なぜそのような生活をしているのでしょうか。この夜にも世界に散らばっている愛する子女たちが、私を頼りとし、神様のために祈祷しているからです。

私が精誠を一緒に尽くせなくても、それに劣らず拍子を合わせてあげなければならないのではないでしょうか。先生が寝る時は分からないので、神様も許してくださるのです。その時間には、子供が疲れて寝たら父が見守るのと同じように、神様が代わりに祈祷してくださるのです。（二六―一三八、一九六九・一〇・一九）

＊

レバレンド・ムーンはどんな人ですか。一つの才能しかない人です。愚鈍にひたすら、まっすぐにのみ行く人だというのです。ああ、口をちょっとつぐんで適当に回っていけばよいのに、どうしてよく悪口を言われるような作用をしたりするのでしょうか。それは、多くの人々の反対を受けてこそ一つの峠を越えていくからです。

しかし、皆さんは帰ることを考えているでしょう。それではなぜ、この世のすべてのものを切ってしまって行かなければならないのでしょうか。お母さん、お父さんの愛に引かれれば、まっすぐに行くことができないからです。神様は今まで正しい道を求めてこられたので、正しくまっすぐに行かなければならないというのです。（九七―一五七、一九七八・三・一九）

＊

神様がそのように寂しい方であり、神様がそのように孤独な方なので、私が死ぬ日まで、そのみ旨とその願いを一つでも解いてあげ、その分野の一つの土台でも拡大させて、神様のために生きられる人を集めるのが使命だ、と思ってきたのです。

悪口を言われても、むち打たれても復讐《ふくしゅう》せず、愛によって耐えてきたのは、神様の子供として生まれたからで、その方のみ旨を立てるべき責任があるからです。ですから、この伝統をどのように立てるかを考えながら、よろよろになって、あるいは腰を曲げ、腹ばいになりながら、これだけは残さねばならないといって闘ってきたのです。（八二―四七、一九七五・一二・三〇）

＊

人間は、自分が立ったと自慢してはいけません。自分が立てておいたとしても倒れるというのです。しかし、人間が立ててくれなくても、天が立ててくれれば必ずできるというのです。（二五五―二四二、一九六五・一〇・三一）

＊

真《まこと》の父母がしているのは何ですか。すべてのことを勝利して、神様の心の深いところまで訪ね入り、恨《ハン》を解怨し、その勝利圏を地上に成すことです。そのような真の父母が出現したということを、皆さんは感謝しなければなりません。（二三五―一二一、

（一九九二・八・二四）

＊

皆さんは、み旨の道を歩んできながらどれほど深刻でしたか。先生は、一生の間そのような道を歩んできたのです。妻子も知りません。神のみぞ知るです。孤独単身、寂しい男が行く道を誰も知らない中で神様が協助し、驚くべき実績をもって、今日この社会に問題を提示し、また、疲弊していくこの民主世界の思想圏内に新しい波を起こす、問題の人物になりました。このようになったのは、私が立派だからではなく、神様が共にされたからです。（八二―四五、一九七五・一二・三〇）

第二章　真の父母に対して侍る礼法

一　真《まこと》の父母様は祝福家庭の中心

1　真の父母様の息子、娘になるには

皆さんはこれから、真の父母と共に生きなければなりません。ですから真の父母は、おじいさんの立場で、自分のお母さん、お父さんの立場で、自分たちは長子の立場だというのです。これが違うのです。三代にわたって、共に生きるという結論です。

神様が私と共にあり、真の父母が私と共にあり、自分の父母が共にあることを感じて生きなければなりません。「神様はいない。死んだ」という考えをすることのできない時代に入りました。（一三一―九七、一九八四・四・一六）

＊

一切を父母と共に関わり、父母と共に決定し、父母と共に相談し、父母と共に解

決しなければなりません。（四四―一七三、一九七一・五・六）

＊

良い食べ物を食べたり、良い服を着る時は、ただ食べたり着たりしてはいけません。一番良いものは神様に先に捧げなければなりません。道を歩くときも右側には父を、左側には母を、と侍っていかなければなりません。（二四―一八一、一九六九・八・四）

＊

父母の愛を受けるには何をしなければならないのでしょうか。父母様が愛する、すべてのことを愛さなければなりません。そうしてこそ愛を受けるのです。家庭でいえば、自分の父母に愛されることを願うならば、その息子は、父母がもっているすべてのものを愛したのちに、愛されなければならないということを知るべきです。これをしないで愛されようとする人はどろぼうです。父母が貴く思うものを全部、自分がいい加減に、勝手に引き継いでは愛されません。（一三三―一六、一九八四・七・一）

＊

皆さんが思いのままにするのではなく、先生がするとおりに従ってやりなさい。先生が行くとおりについていくのです。統一教会の伝統を引き継ぎなさい。統一教会の文《ムン》先生がするとおりに、皆さんがすればよいのです。先生も家庭を捨てて、父母を捨てて、この道を歩んできました。皆さんもそのようにしなければなりません。皆さんは従順に従っていかなければなりません。(四九―二二四、一九七一・一〇・一〇)

＊

真《まこと》の父母と皆さんは、すべての関係を結ばなければならないし、永遠にその関係が変わってはいけません。(五五―一七三、一九七二・五・七)

＊

皆さんは先生の血と汗の代価で買ってきた人たちです。先生の体を与えて買ってきた人たちです。ですから皆さんは、先生と同じ仕事をしなければなりません。先生は食口たちを誇りたいのです。このような立場で公約しましょう。(一一―一六四、一九六一・七・二〇)

＊

サタンが天に反逆し、天地の法度を狂わせたので、皆さんが天を支持する天使の立場に立って、天の前に忠臣の道理を立てなければなりません。そうすると、そこから初めて新しい復帰の道が開かれるでしょう。それで皆さんを先頭に立てるのです。(二五―二〇三、一九六九・一〇・四)

＊

神様の心情を感じることができず、涙で別れたアダムなので、涙で会わなければならず、涙で別れたカインとアベルの怨恨を涙で解かなければなりません。その道でなければ合わさる道がありません。世界的に男性たちの中には、先生に会いたくて泣く人もいます。さて、ここにそのような人がいますか。このでたらめな人たち。昔は、みんなそのようにしてきました。草創期にも、みなそうでした。

統一教会に通う婦人たちが先生に従うので、夫たちは、妻が自分のそばに来ないといってひどくしかりました。これと反対に女性たちも、夫たちが先生に従うので、自分のそばに来ないといってかんかんになるのです。そのようになっているのです。また男性たちも、先生に会いたければ涙を流さなければなりません。そのようにできない人は、統一教会天国時代に天国に入れません。(三一―三三二、一九七〇・六・七)

＊

皆さんは、実体の神様の立場に立っている真の父母が慕わしくて泣かなければなりません。いつも会いたい気持ちがなければなりません。御飯でも一杯炊いて、水でも一杯ついで侍りたいと思わなければなりません。そのような切実な心をもたなければなりません。涙が先立つ心情をもっていればよいのです。

そのようにすれば、先生を中心として心情一致し、先生と共に呼吸することにより、先生の人格基準とそれを裏づける先生の過去、そして、そこに絡んだ事情がどうなっているかを知り、さらにそれを相続することができるのです。（三八―七五、一九七一・一・二）

2 真《まこと》の父母様にどれほど侍ってみたか

堕落した人間が神様の前に出ていくための方法は、時代によって違いました。すなわち、旧約時代には祭物を捧げることにより、新約時代には神様の息子であるイエス様を信じることにより、成約時代には真の父母に侍ることによって神様の前に出ていくことができるのです。（二〇―三四〇、一九六八・七・二〇）

＊

エデンの園でアダムとエバは堕落し、その堕落圏内で生きたので、直接的に侍る生活をしたことがありません。侍る内容をもったことがない人たちは、天国に入る資格がないというのです。しかし皆さんは、堕落の血統を受けて生活したとしても、蕩減《とうげん》復帰するために、地上で実体をもって、アダムとエバが侍り得なかった神様に侍り、真の父母に侍って生きていくのです。そういう条件が、天国に入れる資格に

なるというのです。それで天国の市民権を得るようになるのです。（一五〇―一二三三、一九六一・四・一五）

＊

私は、愛すべき万物の父母の前に孝子になれず、私を生んでくれた父母の前に孝子になれず、霊界と神様の前に孝子になれませんでしたが、先生を中心として真の父母に侍ることによって、孝子の資格を代わりに受けることができます。ですから皆さんは、執念をもってついていかなければなりません。（一〇五―一一二、一九七九・九・三〇）

＊

真の父母に遠く接する時は国の王であり、近く接する時は父母です。そのようになっているのです。（一五〇―一二三五、一九六一・四・一五）

＊

皆さんは先生のために、どれほど祈祷し、どれほど会いたいと思いましたか。本当に会いたく、本当に祈祷し、本当に思慕したならば、この体を見ることだけが問題ではありません。（一二三―五二、一九六九・五・一一）

＊

御飯を食べる時も、「お父様、お先にお召し上がりください」と言わなければなりません。（一一一二八、一九六一・八・二六）

＊

皆さんがお父様に侍る、その時、その時間が来ればどうしますか。どのように孝行するか、そして、どんな姿で父母様に侍るかを考えなければなりません。（一七一二九三、一九六七・二・一五）

＊

祈祷室を設けて、先生の写真を掛け、千回、万回敬拝しなさいというのです。昔、再臨主に侍るために準備した許浩彬《ホホビン》氏の団体では、毎日三千回敬拝をしました。皆さんも一度やってみてください。縫い物も、布目一つずつ手で縫いました。ミシンでやれば不敬だというのです。そのように精誠を尽くしても不足なのです。（一七九一七七、一九八八・七・二三）

＊

皆さんが鏡を見ながら、この目がどれほど父母様に会いたくて涙を流し、この口が父母様の解怨成就をどれほど叫び、この手がどれほど父母様の地で血を流して仕事をし、自分の体が砕けるほど父母様が願う土台の上で働いてきたでしょうか。

「それができなかったのが恨《ハン》です」と言える心を感じながら、その道を求めていくのが幸福な道であり、その道で天と共に因縁を結ぶのが幸福な人です。

そのような人は、誰も支配することができません。その人を動かすことができるのは父母だけであり、その人を感動させられる人も父母だけであり、その人を幸福にできる人も父母だけです。

そしてその父母を幸福にできる人は、その息子以外にいません。父母の希望は父母にあるのではなく、息子にあるのです。(七八―三五、一九七五・五・一)

＊

皆さんが考える、神様に対する侍る生活とはどのようなものですか。神様を一体として考え、父母様を一体として考え、生活するすべてが一体となって、私が生きるならば、このすべてのものは、神様のものであると同時に真《まこと》の父母のものであり、真の父母のものは、真の父母の国のものであり、真の父母の国のものになれば、私のものである、というような観念をもたなければなりません。

この宇宙も真の父母のものであり、この家も真の父母のものであり、国も世界も真の父母のものなので、私は真の父母の息子だから、すべてのものは私のものだ、という結論が出るのです。(一六一―二三二、一九八七・二・一五)

先生に差し上げようと家でよもぎ餅を作り、その餅が汚れないようにと密封したまま本部まで来て、御覧くださいと言わんばかりに開けてみると、餅が腐って青かびが生えていたこともありました。餅に青かびが生えて、うじがわいていてもよいというのです。その餅は、食べられなくても億千万金に該当するのです。そうであるほど情が移るのです。(三三―一一三、一九七〇・八・九)

＊

愛は、愚鈍で間抜けなものです。本当に愛するなら、横で誰が見ていても関係ないというのです。そうではありませんか。本当に愛するなら、限界圏内の愛です。誰が見ていようが見ていまいが意識しない、そのような境地の愛がどれほど愚直で愚鈍なのかというのです。ある時は、山奥で掘って採ったききょうを先生の前に持ってきて、涙を流すのです。そのようなことが霊界に行けば、彼を解放させられる良い材料になるのです。(三三―一一三、一九七〇・八・九)

＊

皆さんは、先生が苦労した話をすれば、それが自分に遭ったことのように感じられ、胸が痛く、悲しく、涙が出るし、悔しく、憤慨する、このように同感できなけ

ればなりません。皆さんを同感させるための材料が、先生の苦労です。（三四―一〇一、一九七〇・八・二九）

＊

「先生を知った」と言ってはいけません。先生は、原理しか知りません。原理原則に立脚した人だけを知っています。（一〇―二四九、一九六〇・一〇・二一）

＊

先生が約三カ月間だけ毎日のように皆さんの家に行けば、どうしますか。「ああ、うんざりだ」と言いながら嫌がるでしょう。そうではないという人、手を挙げてください。先生は、あれこれと話すことが本当に多いのです。そのようなことをみんな知っている先生は、あきれて物が言えないのではないでしょうか。ですから、「あきれて物が言えない」という言葉が出てくるのです。

このように皆さんは、自分の威信も知らず、身の振り方も知らずにいるのです。ですから、このようなことを教育しなければならないのです。（二六―二九九、一九六九・一一・一〇）

＊

先生が生きている時は先生の歴史を書きませんが、先生が死んだのちには先生の歴史を書くでしょう。ですから原理に公認されないことをしたならば、大変なことになるのです。なぜこのように生きたのかということを裏づける、原理的内容があるかどうかが問題です。もしもこれができていなければ、今まで成されたことをすべて失うことになるでしょう。ですから、責任者は大変だというのです。（三三―一六七、一九七〇・八・一二）

二　真《まこと》の父母様を愛し誇ろう

1 真の父母様は人類全体の希望

統一教会でいう「真の父母」とは、どのような方ですか。堕落しなかったならば、神様が縦的な愛になり、アダムとエバは神様の体になるのです。神様の体と同じです。神様は骨のようで、アダムとエバは体のようなものだというのです。そのようになれば、神様にも心があり、体があります。

神様は内的な立場で内的な父母になり、アダムとエバは外的な立場で外的な父母になるのです。内的、外的な父母が一つになったその場で愛によって結ばれ、内的父母に侍るようになり、外的父母をもつようになります。

神様と人間との愛の結合によって、真の父母、すなわち、完成した人間ができるはずだったのです。愛で一体となれなければ完成人間になれないのです。（一八四―七一、一九八八・一一・一三）

＊

真の父母は何をしなければならないのでしょうか。サタン世界の根である間違った血統を正さなければならず、間違った生命をもとがえさなければならず、間違った愛の道を正しく開かなければなりません。聖書では、「死なんとする者は生き、生きんとする者は死なん」と言いましたが、そのような逆説的な論理がなぜ出てこなければならないのですか。サタン世界は、死ななければならないからです。（一六九―二三七、一九八七・一〇・四）

＊

皆さんは、真の父母の本当の息子、娘ですか。真の子女とは、何を中心としているのですか。真の血統です。もちろん真の愛を通じて因縁が結ばれますが、成されるのは真《まこと》の血統を通じて連結されるのです。ですから、真の血統を通じて連結されれば、お母さん、お父さんに似るのです。では、皆さんは先生に似ましたか。皆さんの目は青く、私は黒く、髪の毛も違うでしょう？　髪の毛がみんな白いではないですか。私は東洋人で、顔が平たいです。では、何が似るのかといえば、骨子だけが似るのです。骨子だけ似るとは、サタンに勝つことと神様を絶対に愛するところだけ似るのです。それだけ似るのです。そうしてサタンを主管し、コントロールするのです。(一七〇―二三七、一九八七・一一・二一)

＊

皆さんが先生をどれほど愛さなければならないのでしょうか。根本問題に帰るのです。サタン世界の愛の痕跡がある、その愛が染みついた立場で愛してはいけません。それ以上でなければなりません。皆さんが、サタン世界で生まれたお母さん、お父さん、妻子、その誰よりも愛さなければなりません。

それで聖書に、「わたしよりも父または母を愛する者は、わたしにふさわしくない。わたしよりもむすこや娘を愛する者はわたしにふさわしくない」(マタイ一〇・三七)とあるのです。そのような結論を下したのです。そう言いながらあとでは、「自分の十字架を負うて、わたしに従ってきなさい」(同一六・二四)と言いました。「十字架を背負わなければならない」と言いました。反対に引いていく力を押さえて越えようとすると、十字架です。ここで悲痛な涙を流さなければなりません。（一七八－九七、一九八八・六・一）

＊

真の父母とは、どんな存在ですか。真の父母は、すべての希望の象徴です。堕落した人類の前に、絶対的な希望の象徴なのです。彼は歴史的結実体であり、時代的中心であり、五十億の人類が生きている今日、この世界国家圏の中心です。真の父母は、将来の理想世界に連結できる、未来の線上においての出発点です。（三五－一一七、一九七〇・一〇・一九）

＊

万民が願うこととは何でしょうか。世界国家を迎える前に、真の父母を迎えようとすることとです。誰から出発したいのでしょうか。皆さんの新しい息子、娘は、皆さんの血筋を通じて生まれたいのではありません。真の父母の血筋を通じて生まれたいというのです。ですから真の父母は、新しい未来の出発点になるのです。（三五－一三七、一九七〇・一〇・一九）

＊

今日、神様は何を願っていらっしゃるのかといえば、この終末時代に御自身の姿を現すことを願っていらっしゃいます。それで、完全に心情的で、縦的に復帰され完成した男性、言い換えればメシヤとして再び現れようとされるのです。完成したアダムの代身となり、完成したエバをの代身となる中心人物が出てこなければなりません。

成約時代は、神様自体が真《まこと》の父母の姿をして、万民の前に現れるようになります。統一教会が、政治によるどんな力を投入しても、主管されない偉大な力をもっているのは、正にこのためです。

生きている神様を私たちが直接目で見て、感覚をもって体恤《たいじゅつ》できる圏内で、体験を積みながら出ていくのが、私たち統一教会の道なのです。（御旨と世界一一七九）

＊

人間の願いは、真の父母に出会うことです。死の道を行くとしても、出会わなければならない人が真の父母だというのです。歴史をみな失い、時代をみな失い、自分の子孫をみな失うことがあったとしても、真の父母に出会うならば歴史を取り戻すのであり、時代を取り戻すのであり、未来を取り戻すのです。このような方が正に真の父母であることを皆さんは知らなければなりません。（三五一二三七、一九七〇・一

〇・一九）

＊

「真の父母」というその名前の文字を考える時、真の父母によって歴史が治められ、真の父母によって新しい世界に帰り得る起源ができ、真の父母によってサタンを屈服させられる内的な因縁が決定し、真の父母によって外的な世界を占領しているサタンを征服することにより、初めて神様を解怨成就してあげられる中心が決定するのです。ですから真の父母と共に生き、真の父母の命令を奉じて行動できる、この驚くべき恩賜に、皆さんがまず感謝しなければなりません。（四三―一四四、一九七一・四・二九）

＊

皆さんが真の父母と完全に一つになる時、国家があるのであり、氏族もあるのであり、民族もあるのであり、家庭もあるのです。天地におけるすべての栄光の価値を総合した実体基準が真の父母です。

真の父母をこの世のお金と換えますか。自分の生命を与えて換えられますか。ですから、昔と違うというのです。皆さんがどこに行っても、真の父母に侍るために大韓民国を訪ねてこなければなりません。

皆さんの息子、娘も、千世、万世の子孫たちも、そうしなければなりません。ですから統一教会は、違うというのです。（三〇—二三七、一九七〇・三・二三）

＊

すべてのものは、どこに帰結するのでしょうか。真《まこと》の父母に出会うことに帰結するのです。人類の真の父母が現れるのが歴史の願いであり、国家の願いであり、摂理の願いです。

それでそのような真の父母が現れる時は、歴史上に一度しかない頂点を成す時であり、空前絶後（前無後無）の時なのです。永遠の世界を通して見ると、人間の一生というものは一度息をする期間と同じです。（五一—二五四、一九七一・一一・五）

2 家庭ごとに真の父母様のお写真に侍る

きょう以後、皆さんは先生の写真を持ち歩くのが良いでしょう。そうすれば、どんな苦難に遭うとしても無事に耐えられるように保護してもらえるでしょう。

モーセがイスラエル民族をエジプトのパロのもとから脱出させ、カナンへ導くために奇跡を行う時、長子が患難に遭い病気になって死にましたが、羊の血を門に塗った家は、その患難がみな避けていったのです。霊界は、私たち人間のすべての行動を見ることができるだけでなく、保護してくれたりもするのです。（一三〇―一九〇、一九八四・一二・七）

＊

文《ムン》総裁が有名です。国のための「愛国者」という言葉は、みな認めています。また私が立てた功績には天下がみな頭を下げます。

＊

そして、「あの写真を掛けた以上、あの方の前においては夫婦げんかもむやみにできない」と言い、息子、娘の前にも、「こら、あの文先生の前ではいけません」と言うようになれば、何の悪いことがあるでしょうか。自分の親の写真以上に侍ることによって先祖たちが来て、先祖として侍るのです。また先祖たちが来て、その家に侍り得る祭壇になるのです。

それゆえ、天上世界で福を受けられる道があるので、夜中の三時になれば、皆さんは寝ますが、（先祖たちが）一家の周辺の邪なる悪魔たちをみな追い出すのです。（二一九―九一、一九九一・八・二五）

＊

イスラエル民族がエジプトから出てくる時、門に血を塗って災いを免れたのと同じように、お写真を持っていればそのようなことができるかもしれません。霊界は、先生の写真をポケットに入れておくだけでも分かるのです。このように小さな条件が、門に血を塗ったのと同じになるのです。（一三二―一九〇、一九八四・六・一）

＊

先生のほほえみは、モナリザのほほえみほどにも神秘なところがあるという経験をしたでしょう。ある時はこうで、またある時はこうで、数十万種の姿に見えるこの神秘的な姿が、霊界を皆さんに協助できるようにしてくれるという経験を大部分がしているだろうと思います。

霊界の霊人たちは、みな先生をよく知っていますが、この写真を見れば霊界が喜ぶでしょうか、悪く思うでしょうか。皆さんの先祖たちがこれを媒介体にして連結できるのです。このように良い材料だということを知っていてください。（一三二―一九〇、一九八四・六・一）

＊

今、レバレンド・ムーンの名声は国境を越えました。至る所にいる為政者たちの中には、書斎にレバレンド・ムーンの写真を掛けておいて慕い仰ぐ人が多いということを、私がよく知っています。

尹《ユン》博士も私の写真を掛けましたか。毎日あいさつしますか。毎日キスしますか。熱情的でなければなりません。キスしなければなりません。だからといって失礼ではありません。神様の愛を代表してキスすることにより、「霊界に行った人たちに私がキスすることで同参権、同位権をもつようにするためにこうする」と言う時、神様が「ノー」とは言われません。「そうだ。お前の言葉が正しい」と言われるのです。どうですか、尹世元《ユンセウォン》博士？　そのようにされたら。（一七一―二三九、一九八八・一二・二）

＊

父母様の写真を貼って統一教会の旗さえ揚げれば、それは天の国の眷属《けんぞく》（一族）になるのです。天の国の眷属にしてあげるというのです。ですから今回、旗を揚げることを呪って罰が当たった人が多いではありませんか。本当に不思議です。先生に後ろ指をさして、手が病気になり、何日も夜祈祷して悔い改めたら治った、そのようなことが起こっているではありませんか。なぜですか。天運が訪ねてくるので個人の運勢では止められません。宿命的な道です。

モーセが竿《さお》にかけた青銅のへびを上げている時、それを見上げた人はみな生き残りました。統一教会の旗を見つめて、行くたびに敬拝し、来るたびに敬拝して、写

真を見て、行くたびに敬拝し、来るたびに敬拝すれば生きるというのです。(二一九—九一、一九九一・八・二五)

*

統一の旗を揚げるのは、通り過ぎる食口《シック》たちに、「おなかがすいたらここに来て休みなさい」という表示であり、お昼時なら、「昼食でも食べていきなさい」という表示です。ですから、いつもお客さんをもてなすことのできる準備をしなければなりません。父母様の代身となって、そのような準備をしなければなりません。ですから部屋もなければならないでしょう……。

しかし、父母様が来られないので、父母様の代わりにお客さんに侍るというのです。この思想は天の最高の基準の前に平準化思想を連結させるためのものです。そのような意味で、お客さんを神様のように、父母様のように侍りなさい。そのような人は福を受けます。(一六九—二二〇、一九八七・一〇・三一)

三　真《まこと》の父母様に侍るにも法度がある

1 侍義《じぎ》時代の法は最高の法

皆さんが挙動すること、座ること、すべてのことが条文化されなければなりません。先生に対する時のあいさつ法のようなものも、条文化されなければなりません。先生に対する時のあいさつ法、それはみなあるのではないですか。そうではないでしょうか。社会にもそのような法があるのですから、そうなるべきではないですか。

（六六—二六七、一九七三・五・一六）

＊

今日までの人倫道徳は父母が子供を愛し、子供は父母に孝行し、夫婦には区別がなければならないというものでした。これは三綱五倫の礎石として今まで伝わってきましたが、これがやはり変わりつつあります。

このように既存の慣習や規範などが自然に変わる気勢が社会環境に、生活環境に浸透して入ってくる日が「終わりの日」だというのです。メシヤがこの地上に現れるとするなら、その方がこの問題を収拾しなければなりません。（一一―一九、一九六〇・一二・一二）

＊

堕落した習慣に対する、すべてのことを正すための新しい法があるのではありませんか。私たちの前には数多くの法的過程が待っていることを、皆さんは知らなければなりません。それを越えていかなければなりません。（六六―一九九、一九七三・五・一六）

＊

韓国の法（風習、しきたり）では、目上の方から何かをもらう時、両手でもらうようになっています。それは水平になってこそ愛を受けることができるというのです。受けるのは垂直を通じて九〇度で受けなければなりません。「人心は天心だ」と言うでしょう。

私たちのすべての規範は、良心の道理に従って相対的につくられて出てきたものなので、水平にならなければなりません。（一七一―一二六、一九八八・一・一）

＊

また、道を歩くときも東洋思想は、目上の人が先に立たなければなりません。なぜですか。先に出てきたからです。そのように、環境を合わせようとしてそうするのです。あとの者は後ろに立ち、高いものは高いものに、低いなら低い所に、前のものは前のものに、後ろのものは後ろのものに、上のものは上のものとして、前後を整えなければなりません。そのような観は、変わるものではありません。それは永遠不変のものです。（一六八―二五二、一九八七・九・二七）

＊

一国の王様と臣下の間にも毎朝、朝会があるのです。韓国の家庭を見れば、朝、父母が起きればまず父母にあいさつをします。このようなものが韓国の法度ではありませんか。皆さんは、歴史時代を蕩滅《とうげん》するためには法の中の法、孝行する法なら孝行する法の中でも最高の法度を立てなければならず、国家においても最高の基準を越え得る法を立てなければならないというのです。（三一―二七五、一九七〇・六・四）

＊

この世には父母が死んで、三年の喪に服す時には毎日、朝夕に上食《サンシク》（注：喪家で朝夕霊前に供える食事）を供え、出ていく時や入ってくる時、霊座《ヨンヂュワ》（注：位牌の奉安所）に告げてあいさつする法度があるではないかというのです。皆さんは、それ以上にしなければばなりません。皆さんの今していることが、み旨から見る時、天の格式にぴったり合わせた生活ですか。とんでもないというのです。（三一—二七五、一九七〇・六・四）

＊

家庭の伝統を立てる最も早い道は、先生が生きている時にすることです。元来は毎朝、斎戒沐浴《もくよく》し、一里の外から歩いてきて先生に敬拝を捧げなければなりません。このような伝統を立てられなければ、自分の子孫たちの道がふさがるのです。（二一—八八、一九六八・一一・三）

＊

統一教会の中に、先生がたまに映画を見に行くと、「私たちも映画を見に行かないと」と言います。とんでもないことです。昔、先生は、劇場の前に行ってみたこともありませんでした。そのような訓練を経て、そのような所へ行っても自分が汚されず、支配されない自主的な人間になったので問題にならないのです。

しかし、先生がするとおりにみなすると……。私が地方へ行ったときある者が、私が良くない言葉を使うと言うのです。このような輩《やから》たちがいます。私がぞんざいな言葉を使う時までは、幼子にまでも仕えて敬拝し、神様の前に侍る生活をしてきました。み旨を知ってみると、先生が皆さんに敬語を使えば（皆さんは）決まりが悪くて顔を上げて話ができないのです。礼儀正しく対してみましょうか。どれほど、ばつが悪いでしょうか。（五七―二七七、一九七二・六・四）

2 人間が貴いのは人倫道徳のため

ローマ法が現在、世界法の基礎になっていますが、人倫道徳はどこまでも良心を根拠にします。法よりは良心だというのです。良心の基礎は善です。善を標準とするのです。善を外れて間違う時は、良心がその間違ったことを正していきます。そして、良心に一致できる普遍的な社会体制を形成しようとすると、法令も必要なのです。ですから結局、人倫はどこに根拠を置くのですか。天倫に根拠を置くのです。（三三―四四、一九七〇・八・二）

＊

人倫は何を通じて形成されるのかといえば、情を通じて形成されます。家族関係や道徳観念、社会制度、秩序というのは、全部情緒的な面です。情を先に感じた、それが長くなったとか次元が高いということになれば、そこに頭を下げるようになります。皆さんは、それを知らなければなりません。人倫形成の動機は情からです。

父母が子女を愛するところから人倫が始まります。子供が父母を愛するところから真の人間関係は成立するのです。（六四―一二四、一九七二・一〇・二九）

＊

皆さんは父母を愛し、必要とします。いつも父母に会いたがり、一緒にいたいと思います。それはなぜでしょうか。年齢で見ても差があり、秩序的関係を見ても上下の関係があるからです。ですからそこには礼を備え、尊敬し、孝行しなければなりません。このようなすべての社会生活の人倫道徳的な内容を備え、上下関係において、一つは主体であり、一つは対象の立場に立たなければなりません。ここで孝子になるには、従順や服従という内容を介在させて、自分が会いたいと思わなければならないというのです。これが親子関係です。（一一二―二五一、一九八一・四・一九）

＊

人間が貴いのは、人倫道徳があるからです。人倫は、人と人の関係をいいます。一人の人のみでは人倫という言葉は使いません。人倫という言葉は、二人以上になってこそ成立します。男性と女性が結婚した家庭から、社会の倫理という言葉が成立するのです。倫理は人間関係の道理であり、法則です。（一三六―二〇八、一九八五・一二・二九）

＊

宇宙が、日月星辰《せいしん》の創造の法則、すなわち、天道によって縦的秩序の体系を成しているように、家庭においても、祖父母、父母、子女によって成される縦的秩序と、兄弟姉妹によって成される横的秩序の体系が立てられると同時に、相応する価値観、すなわち規範の成立を明らかにしなければならないでしょう。（一一二─三〇四、一九八一・一一・二五）

＊

私たちは超民族的、超国家的な新しい伝統を立てていかなければなりません。その伝統を私たちの思いのままにするのではなく、神様が願うとおりに伝統の相対的基盤を築いていかなければなりません。皆さんの習慣性や過去の風習、現在の流行というものに歩調を合わせるのではありません。完全に違うということを皆さんが知らなければなりません。世界を見れば全体が調和するようになっているのです。ぎこちないところがないように、自然でありながらも、全部和合するための一つの刺激的な動機になれるようになっているのです。そのように、見た目に良くないところを注目するようにはなっていないのです。（六六─一九九、一九七三・五・一六）

第三章　礼拝と教会生活礼節

一　教会に対する正しい認識

1 教会はみ言《ことば》と人格を総合する所

教会が目指すべき目的は、神様の国を求めて建てることです。神様が本来もたれた創造理想は、国を中心として一つの世界をつくることなので、教会が目指すべき目的地は、教会を建てることではなく、国を建てることなのです。（一四九—四八、一九八六・一一・二）

＊

今後、教会時代は過ぎ去っていきます。人類が願うのは、教会ではありません。教会は堕落圏内で、復帰の運命の道を行く際に必要なのであって、新たな時を迎えれば、教会時代は終わるのです。

それゆえ統一教会は、教会活動をするのではありません。教会の名で社会に適応し、社会を改革し、社会の廓清（浄化）運動をするのです。そうすることが、その国と民族、そして世界に住む人類には果たすことのできない、開拓者の使命を成し遂げることになるのです。今こそ皆さんは、この道を行かなければなりません。（二八―二二二、一九七〇・一・一二）

＊

教会は、過去、現在、未来の因縁の本拠地です。それゆえ、蕩減《とうげん》条件を立てるための媒介体であり、み言と人格と心情を総合する所になります。（牧会者の道―一三八）

＊

教会は、天地をつなぐ至聖所です。教会は、世界への門戸であり、すべての人に相互扶助の因縁をもたせ、国家存亡の霊的支柱となるのです。教会は、霊的生活の源泉であり、日々の生活に力を補給してくれます。（牧会者の道―一三八）

＊

家庭に忠誠を尽くす前に教会に忠誠を尽くし、社会に忠誠を尽くす前に教会に忠誠を尽くすのが原則です。教会が主体であり、家庭と社会は対象だからです。

賢い人は、どこに立つのでしょうか。主体の立場に立ちます。主体の立場は、一つしかありません。対象は東西南北、四方にあり、三六〇度回転しなければなりませんが、主体は中心のたった一箇所にあるだけです。そこは絶対的な圏内です。二つではありません。中心が二つになることがあるでしょうか。中心が行ったり来たりすると、滅びる可能性が増すのです。(二五―一二六、一九六九・九・三〇)

＊

「全知全能で慈悲と愛に満ちた神様であるゆえ、千回、万回罪を犯しても赦してくださる」と、クリスチャンは言っています。そう言って教会で祈祷して出てくるやいなや、けんかをするのです。

教会は、罪を犯してから悔い改める懺悔《ざんげ》堂ではありません。それほど多くの罪を赦《ゆる》せる神様ならば、エデンの園でサタンが一度犯した罪を、どうして赦すことができないのでしょうか。そうではないですか。また、サタンが赦される道があったならば、サタンは悔い改めていたはずです。千回、万回涙を流して悔い改めたはずです。(二九―一六一、一九六八・一・二)

＊

教会が一つから二つに分かれ、そのようにして三回分かれると、神様は去っていきます。天理の原則はそうなっています。そうして家庭的に集まります。恵みのある人は、家庭的に集まるのです。教会に行きません。家庭でひれ伏して祈祷します。

そのようになるかならないか、見ていなさい。（九―二六六、一九六〇・六・五）

＊

統一教会の目的とは何ですか。人類に対して、神様とメシヤとで地球星《ぼし》で踊りを踊り、サタンまでもみんな福を受けるようにしようということです。これが統一教会の道です。どれほど偉大でしょうか。そこまで行こうというのが統一教会です。

さて、話を聞いてみると、統一教会はどうで、異端で、何かの邪教だと言いますが、私たちは鼻にもかけないのです。聖なる人たちが道を行くのに町内の犬がほえている、このように考えるのです。（八〇―二八五、一九七五・一一・二）

＊

「終わりの日」、この時代の統一教会の使命は、「神様の願いとは何か。人類の願いとは何か。神様の愛とは何か。人類の事情とは何か。神様の心情とは何か。人間たちの心情とは何か」ということを教えてあげることです。

そのために出てきた教会です。そのような世界を教えてあげることができ、千人、万人をみな教育するとすれば、この理念圏内の世界は、統一されまいとしても統一されざるを得ません。（一五一―二〇九、一九六二・一二・一五）

＊

2 教会は家庭の延長である

「私は誰々のために教会へ行く。私は愛する息子、娘のために教会へ行く。愛する夫のために、妻のために教会に行く」と言う人は、みな乗り越えていくことはできません。誰のために教会へ行くのかというと、神様のために行くのです。神様を私の神様として侍るために、神様の愛を私の愛として得るために教会に行くのです。（八―一六二、一九五九・一二・六）

＊

公的な教会は、自分の家よりも貴いものです。（一五―二七一、一九六五・一〇・二四）

＊

天国は教会を通して連結されます。すなわち、家庭は教会を通さなければなりません。それゆえ、教会は、家庭が勝利するための基盤であり、家法を結実させる所であり、人格の認定を受ける所であり、天国生活の訓練場になります。（牧会者の道―二三八）

＊

顔が良くて若くなければ伝道ができないというのですか。とんでもないことです。教会は、家庭の延長です。家庭の延長であることを知らなければなりません。おばあさん、おじいさんがいなければならないし、おばさんがいなければならないし、おじさんがいなければならないし、若い人もいなければならないのです。教会に若い人しかいなければ荒廃します。これを早く是正しなければならない、というのが先生の考えです。

年上の人に侍ることができなければなりません。おばあさん、おじいさんは神様の代わりであり、お母さん、お父さんは父母であり、自分と息子、娘まで四段階なのです。おばあさん、おじいさん、父母、私、こういう段階で見ると三段階です。この運命圏を外れることができないのが人生だというのです。おばあさん、おじいさん、お父さん、自分たち夫婦、息子、娘、三段階は線を四本引いて初めて三つの段階ができるでしょう。七数の基準なので、これを結び合わせなければ三段階はできないのです。これを結ばなければ、すべてが勝手にばらばらになります。三段階ができるにはこれを結ばなければならないのです。（七〇—一四九、一九七四・二・九）

＊

教会生活で神様から公認を受け得る立場に立っていない人は、社会生活において神様に代わる生活をすることはできません。内的な教会生活で、神様の公認を受けるかどうかが問題です。

ところが今、皆さんの教会に対する観念について考えてみると、教会で集会するその時間がどれほど貴いかを忘れています。教会の公的集会に対する観念が希薄なので、み旨の進んでいる方向に対しても希薄になるのです。

内的に自分がどういう立場に立ち得るかを確実に知らないがゆえに、外的基準も確実ではないのです。（二二―二六、一九六九・一・一九）

＊

教会生活は良くできても社会生活は良くできないという人もいれば、社会生活は良くできても教会生活は良くできないという人もいます。このような点から見ると、社会生活は良くできても教会生活が良くできない人は、実を結ぶための要因と、その内容がありません。

教会生活は良くできても社会生活が良くできない人と、社会生活は良くできても教会生活が良くできない人とでは、どちらのほうが良いかというと、教会生活が良くできる人のほうがよいのです。

結実の要因をもった人は、あすの希望をもって動いていくことができますが、結

実の要因をもっていない人は、結実と関係を結ぶことができないのです。（三六―一〇、一九七〇・一一・八）

＊

皆さんは血統を通して神様の息子、娘であることを証《あかし》し、真理を通して神様の息子、娘であることを証し、生活を通して神様の息子、娘であることを証し、仕事を通して神様の息子、娘であることを証し得る基準を求めて立つことができなければなりません。この基準を求めることができないならば、教会に来て信仰生活をしていても、それは小間使のすることにすぎないのです。（三一―四〇、一九五七・九・一五）

＊

家庭と教会と社会の三角圏を中心として考えると、皆さんは家庭を中心とした思いが強いですか、教会を中心とした思いが強いですか。それとも社会を中心として自分が出世しようという思いが強いですか。皆さんは、どの思いが強いかを考えてみてください。

神様は、どのような人に協助し、同情するでしょうか。教会を考えるというのは、神様に代わって人を愛することなのです。そして人を救うことなのです。（四二―一一六九、一九七一・三・四）

人格者となるためには、組織的な訓練が必要です。集団的な教会生活を通過しなければなりません。すなわち、全体的な理念や制度に通じることができるかが問題です。そのような関門が、教会になるのです。（九―八、一九六〇・三・一三）

＊

皆さんが今まで習慣的に生きてきた社会生活全体と、教会を中心とした生活全体を考えて、どちらが内的であるかというと、教会生活が内的です。それでは皆さんは、どれほど内的生活の価値の基準を立ててきたでしょうか。ある人は、み旨を中心として行くと言いながらも、「私がこうすること、それがみ旨になるだろう」と勝手に考えます。そのようなところに神様は、いることができるでしょうか。（二三―二八、一九六九・一・一九）

＊

統一教会に反対する人が教会で御飯を食べていったとしても、笑いながら送りなさい。食べ物を惜しんではいけません。

また、統一教会員ではない人が来て御飯を食べたからといって、「なぜ食べるのか」と言ってはならないのです。先生がこのようなことを言うのは、今まで八道江《パルドガン》山(国中)の誰もが、統一教会員はもちろんのこと、統一教会員ではない人も、ここに来て御飯を食べたことのない人はいないだろうと思うからです。（三七—三二九、一九七一・一一・二）

＊

人が最も好むのは赤ん坊であり、最も嫌がるのは先の短いおじいさん、おばあさんです。極と極です。天の運動とはどのようなものかというと、極と極を包括するための運動ではないかということです。子供と一つになろうとして、おばあさん、おじいさんが杖をついて来ては、遊んで御飯を食べていく、そうなればそこは栄えるのです。

皆さんがおじいさん、おばあさんの友達になり、おじいさん、おばあさんは皆さんに夢中になって夜も眠らず、自分の家の良い庭や、床の間、鯨の背中のような（とても大きくて立派な）家をさておいて、教会の板の間で寝るというようになれば、そこ、その団体、その人がいる所は、どんどん栄えるというのが原則なのです。（六〇—一五八、一九七二・八・一七）

＊

おばあさんが「ここに教会長はいるか」と訪ねてきた時に、遠くから見て「いないよ、いない」と言えば罰を受けます。「教会長は出掛けたけど、おばあさん何の用？　年寄りのおばあさんは要らないよ」と言ってごらんなさい。神様が御覧になって、「こいつ、お前はどこから来たのか」と引っ掛かるのです。

年を取ったおばあさん、おじいさんを否定するということは、お母さん、お父さんを否定することです。ですから年を取ったお母さん、お父さん、おばあさん、おじいさんを良く奉養してこそ、孝行者なのです。（五六―二三八、一九七二・五・一〇）

二　礼拝は神様に最高の敬意を表す儀式

1　礼拝時間は神様に出会う時

安息日《にち》を聖なるものとして守る目的は、神様が願う国を建て、人類を救うことでなければなりません。キリスト教が安息日を守ってきたのは、この日を聖なるものとして守ることにより自分自身が昇華され、自分自身を思う、すなわち救いという目的に重点を置いたためです。

私たちが安息日を守る目的は、自分の救いの道を促進することでもありますが、さらに進んで全体を救い、今後、神様の摂理である国と世界を救うという目的に、より重点を置いているのです。これが、より高い責任をもつ神様の願いであることを知らなければなりません。（六九－二四〇、一九七三・一二・三〇）

＊

礼拝を捧げる時間は、祭祀《さいし》を捧げる時間です。自分の過去を神様に贖罪《しょくざい》しなければなりません。ゆえに礼拝の時間は、自由のない時間です。（一一－一六三、一九六一・六・二四）

＊

礼拝時間は、押し寄せるいかなるサタンの権限も防ぎ止め、父の前に勝利の栄光をお返しすることを約束する時間です。（六－二六三、一九五九・六・七）

＊

礼拝を捧げる、その時間は、怨讐《おんしゅう》と一騎打ちをするよりも深刻な場です。（九－二九六、一九六〇・六・一二）

＊

礼拝が始まる前に早く来た分だけ、その時間は神様のために捧げた時間となりますから、千金、万金を出しても買えない価値があります。礼拝の時間は神様に捧げる時間であるために、その時間に遅れることは神様から盗みをすることと同じです。礼拝には、決められた時間に来なければなりません。そうすることによって、それだけ神様の前に面目を立てることができます。

そうなれば、きのうよりも良い心をもって天の前に近づくことができますが、遅れて来て、祈祷するときも目をぱちくりさせながら、「先生はきょう、どんなみ言《ことば》を語られるか」と座っている姿を見ると、惨めで仕方がありません。（三六―一二五、一九七〇・一一・二二）

＊

神様の前に出て侍る場に、礼服を着ないで参席できるでしょうか。目に見える礼服ではありません。心情の礼服です。

このように集まった皆さんのその心から、み言とともに賛美とともに感激した心情が流れ出てきたならば、天は皆さんを通して役事されます。

堕落した人間がエデンの園から追放されたとき、涙を流しながら追われましたが、皆さんは涙を流すとしても、喜びの涙を流しながら、笑い顔で神様に会わなければ

なりません。悲しみの涙も流したことのない者が、喜びの涙を先に流してはなりません。(九—二九六、一九六〇・六・一二)

＊

礼拝時間のために、三日前から心を焦がして準備しなければなりません。万民の幸福を祈り、万民を蘇生《そせい》させるための復活の権限と生命の因縁を結ぼうと苦悶《くもん》しながら教会の門に入らなければならず、神様の前に喉の詰まるような心で礼拝に参席しなければなりません。それでも足りないのに、皆さんは行商人よりもずうずうしいのです。(二〇—二八四、一九六八・七・七)

＊

主日(聖日)礼拝の時は斎戒沐浴《もくよく》して神様の前に敬拝をして、聖地へ行って祈祷しなければなりません。たとえ訪ねてくる人がいなくても、神様がその部落を照覧されて役事される心情的な基盤をつくっておかなければなりません。神様の前に一人祈祷し涙するという立場は、絶対に孤独ではありません。神様が共にあられるので、絶対に寂しくはないのです。皆さんが三年以上精誠を尽くしたにもかかわらず、その町で訪ねてくる人がいなければ、その町は滅びるのです。(一七—二九三、一九六七・二・一五)

礼拝に来るにしても、ただ何も考えずに来るよりも、見えない心を尽くして一日、二日と、精誠を尽くした時間が長ければ長いほど光るのです。ですから見えないものが多いほどに、天が自分を保護し守ってくれるのです。妻が、目には見えない心で、一日中、夫のことを思った上で、目に見える顔で、口でほほえむと、光るというのです。栄光の光がでます。その笑顔には、夫を引きつける魅惑的な力があるのです。同じような道理です。（二二八―八四、一九九二・三・一五）

＊

今後は、礼拝をするにも説教形式ではなく、報告形式でしなければなりません。報告の内容は、その家庭が誇り得るものでなければなりません。ですから家庭全体が来て、礼拝を捧げなければならないのです。そうして良い家庭があれば、見習い、あまり良くない家庭があれば、うまくいくように導いてあげなければなりません。そのようにして、家庭天国を建設するのです。先に家庭天国をつくることができなければ、地上天国はつくられないということを確実に知らなければなりません。（二三―一六二、一九六九・五・一一）

＊

まず、教会生活を徹底しなければなりません。そのためには、公式的な礼拝時間を厳守しなければなりません。公式的に参席すべき時間を守る模範とならなければなりません。(三一—二六九、一九七〇・六・四)

＊

天の前に出るときに、約束は絶対的に厳守しなければなりません。約束を守らない人が、どうして恵みを受けることができるでしょうか。そのような人は、途中でやめてしまいます。今後、先生は皆さんが動けば、すぐ指導します。嫌だったらおやめなさい。誰が滅びるか見てみようというのです。(一一—一三三、一九六一・三・二六)

＊

聖日の公的な集会に出席する模範とならなければなりません。礼拝に来るとき、子女たちがうらやましがってついてきたがるように、夫婦が一緒に仲良く来なければなりません。十時前に教会に来て、聖日の準備をしなければならないのです。(二一—八七、一九六八・一一・三)

＊

礼拝時間はサタンと闘う時です。一騎打ちする時なのです。それなのに眠っていてよいでしょうか。そういう人がいれば、揺すって起こしてあげなさい。「サタンよ、退け」とイエス様がペテロに言ったように、横腹を一発たたきなさい。それは愛なのです。先生は礼拝の時に居眠りをする者がいれば、そのままほうってはおきません。(二五―一二一、一九六五・一〇・三)

＊

精誠を尽くすべき人が、礼拝時間に遅れてもよいでしょうか。そのような人は、恥ずかしくて顔も上げられない、罪人中の罪人だという思いをもたなければなりません。そして、今後は時間をきちんと守ることを誓って、人よりも多くの精誠を尽くさなければなりません。

時間も守らずに、「ああ、天よ」と言うことができるでしょうか。精誠は、人に知られるように尽くすのではありません。教会に来て精誠を尽くそうとするならば、車に乗ってくるのではなく、歩いてこなければなりません。ここに来て祈祷するのではなく、祈祷して来て、もっと懇切な祈祷をしなければなりません。精誠というのは、このようにして尽くすものなのです。(四二―一三五、一九七一・三・一四)

＊

天は、懇切に慕い、苦労する人に対されます。誰でも訪ねていったからといって、対してくださる天ではありません。ですから時間だけは絶対に厳守しなければなり

ません。今後、時間を守らなければ、前に立たせて恥をかかせます。(一一―一三三、一九六一・三・二六)

＊

本来は、礼拝時間が過ぎれば戸を閉めてしまわなければなりません。遅れてきた人を集めて話したくありません。このような皆さんを集めて、ある基準まで引き上げようとするので、二時間、三時間話をするのです。そうして初めて、私が天の前に祈祷し、覚悟した心情的な基準とつながれるのです。(一一―一三二、一九六一・三・二六)

＊

神様の前に出ていくうえで、時間というのは何よりも重要なものです。時を知らなければ滅びるのです。時を逃せば滅びるのです。神様は極めて聖別された環境を要求し、聖別された心を要求するのに、時間も守れずに後ろのほうで賛美歌を歌っているのです。天は、そのような賛美を願われません。(一一―一三二、一九六一・三・二六)

＊

公式的な礼拝の時間を守らなければなりません。そうすれば間違いなく発展します。(三一―二六八、一九七〇・六・四)

＊

2 夜の礼拝（夕拝）、早朝集会、徹夜精誠

夕拝に力を注ぎなさい。（二〇—二四九、一九六〇・一〇・二二）

＊

土曜日の夜は、教会で徹夜をしなければなりません。（一七—三四七、一九六七・五・一二）

＊

今後、集会は夜に多くしようと思います。闇の世界を切り開いていかなければならないからです。そのためには、懇切な心情をもたなければなりません。（一一—二四七、一九六一・一二・二）

＊

夕拝には、伝道をして来なければなりません。そうしなければ、教会の威信が立ちません。礼拝時間には、引導者（司会者）よりも先に来ていなければなりません。（二〇—二五〇、一九六〇・一〇・二二）

＊

人が眠る時間にぐっすり寝て、食べるだけ食べて、楽に来て座って礼拝を受けた

らよいのに、どうして早朝から礼拝を受けるのでしょうか。どうして早朝から礼拝をするのでしょうか。人とは違わなければならないというのです。他の宗教集団や信仰者と同じではいけないのです。違わなければなりません。（八四―一九四、一九七六・二・二九）

＊

私が早朝三時に集めて、一年なり何年なり伝統を立て、眠らせないようにするつもりです。人は、怠惰になってはなりません。楽にしてはならないのです。楽な世界では発展がないのです。それゆえ、いかなる国家でも新たに復興したからといって、それに満足して陶酔していれば、滅びるのです。（五一―二八〇、一九七一・一一・二八）

＊

昼間は働かなければなりませんが、宗教的なことは夜にしなければなりません。夜が効果的なのです。また、早朝に教えても効果的です。そして、一度来た人が、来ないではいられずに家から逃げてくるほどにしなければならないのです。

皆さん自身が、そうならなければなりません。動機がないのに結果があるでしょうか。今までできなかったのであれば、もっと一生懸命に、もっと上手にやりなさい。他の方法を研究してでもやりなさいというのです。（九七―一九六、一九七八・三・一五）

＊

十二時が過ぎ、鶏の鳴く声が聞こえるまで、み言《ことば》を伝えてみなさいというのです。どれほど神秘的なことでしょうか。しんと静まり返った夜に、近所の犬がほえるのを聞きながらみ言を伝えてみなさいというのです。

あたかも明るい陽光を求めて新たな人生の道を打開していくようでもあり、灯台の光を求めて新たな航海に出る船長のような気分を感じるのです。周囲が神秘でいっぱいの世界を一人で行くような勇敢な姿、たくましい姿、荘厳な姿を感じるでしょう。

このような心情的な絆《きずな》をもつためには、夜の時間を中心として指導しなさいというのです。夜や早朝に、このような活動を展開する必要があります。(二九―一九六、一九七〇・二・二八)

＊

夜、深夜は神秘性があります。それゆえ復興会をするなら、昼間するよりも、夜するほうが恵みが多いのです。なぜかというと、昼間は私たちの感情がみな分散しているからです。視聴覚、五官で感じるすべての感覚が、昼間は分散しやすいのです。

しかし、夜はそうではなく、むしろ集中します。すべてが私を包囲し、私というものをはっきりとさせます。そのような圏内に私が自動的に立ったので、夜は神様と共に恵みの役事をしやすいのです。神様も良く役事をしてくださることができるのです。(二九―一九六、一九七〇・二・二八)

＊

早朝に起きて、自分の一日の生活が父の前に感謝の実体となることができるよう祈りながら、花の咲く春の園のごとき自由の園で、神様が私を立てて摂理し得る希望の結実体になろうとしなければなりません。

昼になって仕事場に行けば、希望の結実体が育つ夏のように、もう一歩発展し、 神様が共にいらっしゃる価値を現し得る存在になろうとしなければなりません。

また夕方は、全体をみな集約して一つの決心を父の前に捧げ得る秋のような時なので、祭物になれる立場に立とうとし、冬に当たる夜は、生命力を携えて神様と内在的な父子の起源を結び、すべての価値を受け止め得る自身となろうとしなければなりません。

このように、一年三百六十五日を勝利の日としながら感謝する生活をする人であれば、その人は父と関係を結んで生き、生きがいのある生活をしていると感じられ

るでしょう。（二九―三四〇、一九七〇・三・一四）

＊

皆さんが時間の過ぎるのも忘れているのは、神様の愛に酔っているからです。ですから草創期には、夜を明かしてみ言《ことば》を聞き、み言を語るのが常でした。（九七―三二〇七、一九七八・三・二六）

＊

眠る時間を計算して、「きょうは眠れなかったから、あすはもっと寝なければならない」と言ってはなりません。皆さんはそうでしょう。「聖日の朝は断食だから土曜日の晩に御飯をもっと食べよう」、このような断食は、してもしなくても同じです。

むしろ断食をしないほうが良いくらいです。断食をするからといって前の日にたくさん食べると、かえっておなかがすくのです。そのように食べてみなさい。胃を広げておいて突然空にするのですから、おなかがすいて当たり前でしょう。（四四―一六一、一九七一・五・六）

三　教役者《きょうえきしゃ》（牧会者）がもつべき姿勢

1 教役者（牧会者）は公的でなければならない

千人以上を率いる人は、霊界の鑑定を受けて立てられた人です。（一八―一三三、一九六七・六・九）

＊

自信があって責任者になるのではありません。先生も「自分に自信がある」と考えたことはありません。自信よりも、神様が慕い、神様が訪ねるその人を慕うべきであることを知っていたがゆえに、いかにしてその心情をもって立ち上がるかということが問題でした。その心情さえ通じれば、できないことがありません。慕うその人をより高め、悲しむ人を慰労できる心をもつべきであることを知らなければなりません。（七〇―一七〇、一九七四・二・九）

＊

真《まこと》の牧者（牧会者）は、自分が真の牧者だとは言いません。いつも黙々と神様のみ旨とすべての万象を自分の心に抱いて進むのみであり、自分の立場を弁明しないのです。（三―二〇、一九五七・一一・一）

＊

公的なことのために疲れも忘れて走り、いつ寝たのかも知らずにぐっすりと寝て朝起きると、体がどれほど軽いか分かりません。そのようなことを思うと、「ああ、天に行く道はこうして行くのが原則なのだ」と思われます。

ところが、「ああ、きのうは三時間しか眠れなかったから、きょうは五、六時間寝なければならないのだが」と思いながら寝て起きると、腰が痛く、体中がとても重いのです。ですから、そのように思ってはならないということです。（四四―一六〇、一九七一・五・六）

＊

責任者は、いくら疲れても先に横になるのではありません。みんなを寝かしてから横にならなければなりません。祈祷をする時も最後までしなければならないし、信仰生活をするにおいても食べられず、良いものを着ることもできず、貧しいながらも精誠を尽くさなければならないのが責任者の立場です。そのようにすれば、「滅びよ」と言っても滅ぶことができないのです。（三三―一六九、一九七〇・八・一二）

＊

先生は、精誠を尽くす人の前では、どうすることもできません。今まで教会を指導してきながら、二人の人がいて、その二人のうちのどちらが優秀かという問題を解決すべき時は、顔の良し悪しを見るのではなく、心がどこに向いているかを見ました。すなわち、私的であるか、より公的であるかを見たのです。（三二―二六〇、一九七〇・六・四）

＊

朝、第一歩を踏み出す時も、公的な一歩であるか、私的な一歩であるかを反省しなければなりません。そして一日の仕事を終えて床に就いた時も、公的な一日を送ったのか、私的な一日を送ったのか反省しなければなりません。また、一年を中心として公的な生活をしたか、私的な生活をしたか、一生を中心として公的であったか、私的であったかを反省しなければなりません。（三九―七六、一九七一・一・九）

＊

公職に就いている人は、かわいそうです。もてる精誠を尽くしたのに、仮にみ旨の前に誤って、自分のせいで千年の功績が駄目になってしまったらどうなるでしょうか。そのような心情で生活するのです。（四六—五五、一九七一・七・一八）

＊

過ぎゆく歳月とともに流れていってはいけません。新たな日に備えて前進する群れとならなければ、荒野ではげたかの餌食《えじき》となります。（一三五—二七九、一九八五・一二・一五）

＊

私たちは歴史的開拓者だという事実を知らなければなりません。開拓者は困難な環境を突破して、あすへと向かう希望の前に準備態勢を整えて進むべきです。（牧会者の道—六二）

＊

いったん責任を負ったならば、次は戦闘です。闘争です。お前が負けるか、私が負けるかという戦いをしなければなりません。皆さんはその戦いで、皆さんの一代で少なくとも三人以上、反対する立場にいる人を自然屈服させ得る基盤をつくらなければなりません。（一四—一三、一九六四・四・一九）

＊

皆さんはまず、理論に対する知識をもち、次に、できるという信念をもつべきです。自分の考えが及ばず、自分の信念が及ばなければ、自分のものにならずに人に奪われやすいのです。しかし、自分が実践してつくった基盤、根をしっかりと張ってできた基盤は、それ以上の力を加え、それ以上の信念を加えない限りは、絶対に奪われることはありません。(一九—三九、一九六七・一二・二四)

＊

責任をもつ前に、どのような心をもたなければならないでしょうか。責任を負えなければ命と替える、という信念をもたなければなりません。そのようになれば、問題の核心を解決する解決点が生じるのです。(一九—一四二、一九六八・一・二)

＊

「人間としてできる限りの最大の努力をしました。夜も昼も心のすべて、精誠の限りを捧げました」と言える立場、天が見てもそれ以上できないという立場でそこを去る時、たとえその人がすべてを成し得なかったとしても、天は成した価値以上に報いてくださるのです。皆さんは、それを知らなければなりません。(五六—三三、一九七二・五・一〇)

＊

教会長は、その地方の祭司長です。寝られなくても、恵みを祈ってあげなければなりません。多くの人を救うために祭物を扱うのですから、精誠を尽くす苦労をしなければなりません。祭祀《さいし》には実体（教会長）と主人（神様）が一つとなって初めて、返ってくるものがあるのです。（九―八〇、一九六〇・四・一二）

＊

祭祀は、誰が管理するのでしょうか。祭司長が管理します。客が管理してはいけません。それゆえ、公的な和合の場を重要視しなければ発展することができません。（一七一―一九三、一九六七・二・一五）

＊

祭物の前に立った人たちは頭を下げなければならない、というのが天法です。その祭壇には神様が臨在して干渉されるのです。心情的に私は、きょうこの祭壇の前に情熱とすべての力と努力を捧げきり、自分の生涯で最高の誠心誠意を尽くして口を開くとき、神様が協助されるのです。祭物は深刻な立場で捧げられるものなのです。（六〇―三四七、一九七二・八・一八）

＊

一生の間、嫌になるほど食べて、笑って、踊って生きたのちにお墓に行けば、福となることが何かあるでしょうか。そのような人のお墓には草が生えるだけですが、国のために血を流して死んだ人のお墓には、その国が生きている限り花が咲くでしょう。（四六―三四七、一九七一・八・一七）

＊

統一教会の先生になるのは易しくありません。極めて難しいのです。それは罪人のように、囚人服を着て死刑場への道を歩いていく、そのような気分で歩んでいる人だというのです。皆さんは、刑務所生活をしたことがないので分からないでしょう。豪華な家に住んでいますが、私はその家を必要とする人ではありません。

私は、草屋にも住める人です。草屋にも住めるように訓練されています。服を脱いで、それを持って労働の場に行けば一等労働者になれる、そのような訓練をした人です。そこに神様が愛する人がいれば、私が行って抱き締め、環境をすべて収拾してそこで涙を流し、友達になれる、このような心情的な訓練をした人なのです。（八五―四三、一九七六・三・二）

2 食口《シック》の指導は精誠によって

教会員（食口）を慕うのも、初恋をするような心で慕わなければなりません。（牧会者の道―二九〇）

＊

核心要員は、夜を徹してでも精誠を尽くして育てなければなりません。そのように三日間精誠を尽くせば、その人は一生忘れることのできない恵みの因縁を結ぶのです。伝道対象者が夜遅くまでいて帰る時にも、帰らずにもっといてほしいと思うようであれば霊界が協助してくれます。（二三―二四九、一九六九・五）

＊

まず自分自身がみ旨に酔ってこそ相手にも伝わるものです。（二三―二四九、一九六九・五）

＊

先生が食口を育てるために千辛万苦したように、皆さんもそうしなさいというのです。夜に客が来たならば、ひざまずいて天の恵みを祈ってあげ、昼間に来た客には奥の間に通して自分の親戚よりもうれしい客としてもてなし、「私の家は、こういう家です」という家風を立てなければなりません。そのような家風を立てるならば、その人は誰のために生きるでしょうか。他人をもてなす伝統をもった人たちが教役者《きょうえきしゃ》（牧会者）を飢えさせるでしょうか。教役者を飢えさせておきながら恵みを受けようという人たちには、口に砂を入れてあげなければなりません。（六〇—三〇八、一九七二・八・一八）

＊

夜を徹して話をする時も、楽しくすべきです。夜の十二時が過ぎて、夜中の二時、三時になり、「帰ったらいいのに。寝なければならないのに……」という思いがあると、みな逃げていってしまいます。明け方の三時、四時になっても「帰ってほしくない。時計が止まればいい」という思いがなければなりません。そのような場に因縁を結んでいけば、その人の霊は分かるのです。

霊は申し訳なくて食事をするやいなや、おしりは後ろを向こうとするのです。先生はそのようにしたのです。（五六—五一、一九七二・五・一〇）

＊

誰に会うにしても、会っただけで終わってはいけません。天を中心として会った人ならばなおのこと、絶対にその因縁を忘れてはいけません。教会に来ていたのに来なくなったからといって、切ってしまったり、呪ったりしてはいけないということです。その人が離れて出ていったとしても、その人と結んだ因縁だけは捨ててはいけません。（四二—一六二、一九七一・三・四）

＊

食口《シック》が離れていったと、失望してはいけません。不思議なのは、一人の食口が出ていけば、その人と性格も、話し方も、歩き方まで似た人が入ってきます。どの面を見ても、不思議なほど出ていったその人ととても似た人でありながら、すべての面でとびきり立派な人たちが入ってきます。そのようなことを見るとき、精誠を尽くしたことは失われないということが分かります。これは間違いない事実です。（四二—一六二、一九七一・三・四）

＊

もし悪いことがあれば、悪いことをすぐに処理するなというのです。悪いことがあっても、その悪いことが良くなり得る条件を探し求めつつ、それを保留にして処理し得る余裕をもたなければなりません。もし一年前に間違ったことを見て切ってしまったなら、その人は完全に死んだでしょうが、一年、二年、三年と切らずに保留にして、それを番外のことと考えながら処理するならば、一年、二年、三年以後

にはその人が生き得る道もあるのです。(七二―三二三、一九七四・七・一四)

＊

新しく入った食口を愛すれば、蕩減《とうげん》条件を早く立てることができます。教会が発展できない原因は、食口たちがそのようにできないところにあります。ですから神様は、「互いに愛し合い、和睦しなさい」と言われました。(一八―四〇、一九六七・五・一五)

＊

教会の草創期に、韓国で食口を育てるときには眠りませんでした。一対一の作戦をしたのです。一人の人の前で講義をするにしても、千人の前で講義をするような思いでしました。その一人の人に数千、数万人がかかっていると考えたのです。どんな命令でも聞くことのできる、そのような人にするためには、それだけの精誠を尽くして、そうなるための動機をつくってあげなければなりません。(九六―一八四、一九七八・二・一三)

＊

皆さんは、欽慕《きんぼ》の心情をもった食口にどれほど会いましたか。先生は、そのような人にたくさん出会いました。地の果てからやって来て先生に敬拝するではありませんか。それは、なぜでしょうか。先生が地の果てまで愛の心情的な綱を投げたの

で、既に電気を通したので、方向が分かるからです。そうでなければなりません。（二七一―三〇、一九八七・一二・五）

＊

指導者になるためには、心から病人を治療する医師の立場に立たなければなりません。病んでいる人の心霊状態が下がれば、夜でも昼でも時間を問わず、共に涙しながら心霊を治療するために努力しなければなりません。それが霊的指導者なのです。皆さんは生命を救うために幾晩も夜を徹したことがありますか。生命を救うためにどれほど忙しく歩き回りましたか。そのようなことが今後、霊界に行けば、表彰の対象になるのであり、人格的な基準になるでしょう。（六九―一六五、一九七三・一〇・二二）

3 男女問題、公金に厳格でなければならない

今後、男女問題に許しはありません。許しよりも天が願われません。堕落というのは何ですか。性の問題を自己主管できなかったために堕落したのではありませんか。男性にとって最も問題となるのが衣食住の問題、性欲、次に物質に対する欲望、

欲心、これらが罪悪の根です。これを主管できない人は、責任者にはなれません。（一九四―八七、一九八九・一〇・一七）

＊

男女問題が大きな怨讐《おんしゅう》です。これが天地の法度に背き、世の中を滅ぼしたからです。これに自信のない人は祝福の場に出てはならないということをはっきり言っておきます。ところが、万が一、皆さんがこれを破り、あの世へ行って引っ掛かるようになった時は、私は知りません。私の責任ではありません。引っ掛かった場合には逃れる道がないのです。歯を食いしばってでも脱線してはいけません。（一二〇―二二〇、一九八二・一〇・一六）

＊

今後、男女問題には特に注意しなければなりません。男性でも女性でも、愛し合っているといううわさがある人は、今後、絶対に責任者になれません。それは、そうしてはいけないようになっています。（六七―五五、一九七三・五・二〇）

＊

男女問題に関して、はっきりさせなければなりません。責任者は、この原則に厳格でなければなりません。そうでなければ誤解を受けるのです。弁明する道理がありません。ここで一度この問題に引っ掛かると、それこそ永遠に道がないのです。
（六六―一三六、一九七三・五・一二）

＊

宗教の背後には、いつも男女問題がつながっています。霊的な集団は、必ず男女問題にぶつかりました。それはどうしてなのでしょうか。エバが堕落する時、自分の夫アダムと天使長を相手にしたからです。

ですから「終わりの日」になって、女性は二人の男性に対して善悪を判断すべき運命に置かれるのです。そういうわけで、男性が宗教に入門して修道すると、最後の峠で美人が現れて誘惑するのです。もしその誘惑に乗せられるようなことがあれば、千里、万里の崖から落ちるのです。（一三八―二八六、一九八六・一・二四）

＊

教役者《きょうえきしゃ》（牧会者）たちが息子、娘を育てていますが、非良心的な、良心の呵責《かしゃく》を受けるようなことをしたり、あるいは公金をいい加減に使ったりするよりも、いっそのこと食べないほうがましだというのです。食べなければ天と地が同情します。食べない人に同情しない人はいません。子供も飢えている時、食べさせてあげなければなりません。もうすぐ死ぬ人には同情するのが人情の原則なのです。

それゆえ殺人犯が死刑場で死刑になる時、彼に「最後の願いは何か」と尋ねて、その時だけは願いを聞いてあげるではないですか。そのように、悲しみ、困難に陥った人に同情すべきだと見るのです。（六〇―一六二―一九七二・八・一七）

＊

統一教会の幹部の中に、公金や物質の扱いを誤って、人情で自分の家庭を中心として公金を使い、心情的に蹂躙《じゅうりん》する人がいます。それは、自分の息子、娘の前に毒薬を配給するのと同じです。間違いありません。サタン世界ではこれが引っ掛かるのです。公金に対してはどうすべきか、公金にどのように対すべきか、公的なことをどう決定し処理すべきか、統一教会の牧会者は、今後、一大革新をしなければなりません。（四六―九五、一九七一・七・二五）

＊

霊界の法の中で最も恐ろしいのが、公金横領と公的な人を冷遇することです。最も恐ろしいのがこれです。責任者や神様が送った人をないがしろにすれば国が引っ掛かり、世界が引っ掛かるのです。（九六―一五四、一九七八・一・三）

＊

人間の生活において物質をないがしろにしてはならず、公金をきちんと扱わなければなりません。公金をきちんと扱わなければ天国の憲法に引っ掛かるのです。また、自分が出世したからといって勝手に人を人事措置することはできません。自分が出世して入った所に自分の怨讐《おんしゅう》の息子、娘がいたからといって、引き抜いて他の所に回して死ぬような立場に送ると問題が起こります。(一九六―一三五、一九九〇・一・二)

＊

先生が公金を使うときは、全体のことを案じる気持ちで使います。(一九―一六六、一九六八・二・一九)

＊

これからは公私の問題を徹底的にしなければなりません。公金は、サタンが配置した毒薬です。そのような公金を誤って使おうものなら滅びるのです。その公金から事が起こるのです。奸臣《かんしん》もそこから出てくるのです。そのために国が滅びることもあり、国を売り渡すこともあるのです。(三三―一七二、一九七〇・八・一一)

＊

私が血と汗を流して稼いだこのお金を、いい加減に使うことはできません。いい加減に使うことがあろうものなら、親戚どころか自分の先祖まで引っ掛かるのです。恐ろしいのです。神様が印を押したお金だと思います。公務員が国の国庫金を横領

するとそ罰を受けますが、神様の公認を受けた天の公金を横領すれば、天罰を受けるのです。（八五―二〇九、一九七六・三・三）

四　説教は恵みと感動がなければならない

1　説教の実際

説教する時は、女性がお産の時に苦痛を感じるような立場で説教しなければなりません。すべての精神をそこに集中させなければなりません。説教の壇上に立つときには、産婦が産室に入るような感覚がなければならないのです。その境地に達すれば準備が必要ありません。説教の内容が問題なのではなく、そのような心情になっているかどうかが問題なのです。（九六―一六八、一九七八・一・二）

＊

説教の時間は、ある人を天国へ行かせるか、地獄へ行かせるかという境界線になります。「今まで統一教会のことが気掛かりだったけれど、一度行ってみよう」と教会に来たのに、「この説教は何だ」ということになれば、その人の首を完全に切ることになるのです。公廷で判事が宣告をする場よりも深刻な場が、説教の場なのです。(九六一一六九、一九七八・一・三)

＊

人にとって最も大変なのが、前に出てみ言《ことば》を語ることです。人前で話をすると、みんなが注目します。甲は甲なりに、乙は乙なりに、丙は丙なりに、また金氏《キム》ならば金氏、朴氏《パク》ならば朴氏と、みなそれぞれに聞いて批判なり判断をするのです。ですから人前で話をする人は、とても大変なのです。(三九一一五〇、一九七一・一・一〇)

＊

牧会者は、説教についてのことを常に補充し、特に教会員に必要で、ためになることをいつでも供給してあげなければなりません。(五六一一二、一九七二・五・一〇)

＊

霊的指導者には、体恤《たいじゅつ》的な信仰なしにはなれません。本を見て説教の準備をし、本を見て説教しても、その本の中に神様がいますか。いません。神様は霊的な中におられるので、神霊を通さなければならないことを、皆さんは知らなければなりま

せん。（七六―一五一、一九七五・二・二）

＊

皆さんが説教する時、昔その題目で説教したことがあるということを食口《シック》が知れば、気を悪くします。それは、人が春夏秋冬の四季によって変化を感じるのと同じだからです。朝だからといって、いつも気分が良いとは限りません。何も心配なことはないのに、とりわけ憂鬱な日もあります。

朝の日ざしも明るく、爽快な天気でも自分では憂鬱な日があるのです。そのような時、どうすれば解決できるでしょうか。これを急に変動させる刺激的なものがなければ、もっと憂鬱なところを求めて入りなさいというのです。このように正反対の新たな刺激を与えるなり、それを克服し得る新たな刺激を起こして補充していかなければなりません。

皆さんが解決方案を立てて一日一日の生活を調節していくことができなければ、今後、多くの人の心霊を指導することはできないのです。（三〇―一二六、一九七〇・三・二二）

＊

新たなものを提示しなければなりません。どのようにしてでも刺激を与えなければばなりません。祈祷してでも補充すべきです。それでも駄目ならば、命を懸けてでも談判しなければならないのです。(三〇―一二六、一九七〇・三・二一)

＊

準備のできていない説教をして恵みを与えられなかった時、ありったけの力を尽くしても駄目だった時は、振り返り、帰ってきて、ただただ大声で痛哭《つうこく》する時間がなければなりません。恥ずかしいのです。自分の恥ずかしさを知るべきです。そうしてこそ発展するのです。(九六―一六八、一九七八・一・三)

＊

朝御飯を食べる時、新しく炊いた御飯を食べるでしょう。新しい味がしなければならないのです。同様に、説教するにも、新しい説教をすべきです。霊的な面で新しい何か、保養剤とでもいうか、そのようなものを供給して、そこに付け加えて説教しなければなりません。そうでなければ調味料を入れて酸味を利かせ、塩味を利かせ、さもなければ苦みでも利かせて新しい味を出さなければならないのです。(七五―一七六、一九七五・一・二)

＊

恵みを与えられずに説教を一時間してきたならば、三時間悔い改めなければなりません。皆さん、それを知らなければなりません。説教がうまくできずに恵みを与えられなかった時には、三倍以上悔い改めなければならないのです。

一つの生命のために命の水を与え、育てるべきなのに、水をやるどころか水を奪い、土を掘り起こしてきたとすれば、その責任を取らなければなりません。その人たちが帰ったあとでも、きょうのみ言《ことば》を中心として恵みを施さなければならないのです。（一六〇—一九四、一九六九・五・一二）

＊

聖日ごとに、「聖書はどこを読もうか、賛美歌、出てこい、聖歌、出てこい」と言うのではありません。それではいけないのです。人にとっての生きた材料を中心として、聖書からそのような歴史を取り上げて、その人のことと聖書の内容を対照しながら興味深く説教するのです。

そうすると聞く人は、自分の話なのですっかり引き込まれるのです。喜ぶのです。本を見てしようとしてはいけません。本も人から出てくるのです。人自体が本の原本だということを知るべきです。（四六—二八四、一九七一・八・一七）

＊

牧会者は、苦労をたくさんしなければなりません。人生の修練をたくさんしなければなりません。かわいそうな労働者から乞食、あるいは高級官吏、あるいは権勢圏にある立場まで一度は経験することも必要です。そしてそのような状況を中心として、その時に公的立場で経験した事実などを取り入れた体験談には実感がわくのです。（一六〇―一九四、一九六九・五・一二）

2 真《まこと》のお父様の説教

先生は、説教のために祈祷する時間よりも、食口《シック》のために祈祷する時間を多くもちます。「父よ！　この者たちを引き上げなければならないのですが、どうすればよいのですか。これですか、あれですか」と、精誠を尽くしてから心の命ずるままに説教します。（九―八一、一九六〇・四・一二）

＊

先生は、説教のために準備をしたことがありません。生きた体験で事実を語る時は、みな感動せずにはいられないのです。（一六―三四五、一九六六・一〇・一四）

＊

一時、先生は（北朝鮮にある）咸興《ハンフン》でトンネルを貫通する仕事をしました。おなかをとてもすかせて仕事をすると、つるはしを強く握りしめた手が上がらず、精根尽きていました。「昼飯だ！」という声を聞いた時、その声がどれほどうれしかったか分かりません。その時の御飯！　その御飯を食べるためにつるはしを地面に突き立てて振り向くその瞬間の気分、先生にはそのような生きた歴史の材料が数えられないほど多いのです。（三〇—一五二、一九七〇・三・二二）

＊

悲惨だった復帰歴史の事情は、私を滅ぼすのではなく、青史に永く光り輝く資料であることを知らなければなりません。それで、神様が秘めた宝物をかき集められるその日まで行かなければなりません。その受難の事実を世界万民の前に打ち明け、話せば、他の内容で一時間説教するよりも、この内容で十分だけ話せば痛哭《つうこく》するというのです。そのように良い説教の内容が、どこにあるかというのです。（三〇—一五二、一九七〇・二・二二）

＊

神様と密接な関係にあれば、説教の準備をしなかったと心配するなというのです。そのような訓練が必要です。私は、有名な人に会って一日に十回話をしたことがあります。その時は、場所によってみな内容が違う話をしなければなりません。

ところで、それをみな準備してするでしょうか。そういう時の心は、完全に祭物としての自覚をもつのです。祭物の自覚。「私」というものはありません。存在意識がないのです。所有観念もないのです。完全に捧げられる立場に立てば、天が共になされるのです。（六〇―三四八、一九七二・八・一八）

＊

皆さんがいつも注意すべきことは、先生が今、どの方向に向かっていくのかということです。そこに歩調を合わせていくのが、皆さんが説教する上で一番効果のある方法です。恩賜を施せる動機になるのです。

先生がこの時間に、何のために、どんなことをするのかを知ろうとするならば、相対的に心情的基準を先生と一致させるために自分の心を引き上げて、先生の心をどのように身代わりできるかが問題なのです。皆さんが先生の前に相対的立場で動くようになれば、天運はそこに訪れるでしょう。（六〇―三四九、一九七二・八・一八）

＊

聖日の説教をする時は深刻でしょう。私が皆さんだったら、夜寝ることができません。どうして寝ることができますか。人の生命を生かすために注射するのです。強壮剤の注射をするのと同じです。

食口《シック》たちに一週間分の薬をあげ、強壮剤の注射をしなければならないのです。生命を扱う医者が、生死の岐路に立たされた人に注射する時、深刻なのと同じように、そのような立場で指導しなければなりません。ですから壇上に立つ時は、死刑場に出ていくのと同じなのです。（七五―一七六、一九七五・一・二）

＊

説教する時は、汗を流さなければなりません。後頭部に汗が流れなければなりません。涙と汗がなければなりません。それが鉄則です。（一六〇―一九四、一九六九・五・一一）

＊

説教は心配する必要がありません。先生が一生の間に説教した二百巻を超える説教集があります。皆さんが霊界に行って問答する時、「私は見ることも読むこともできませんでした」と言いますか。英語には翻訳させないでしょう。これを読まないで逝けば大変なことになります。指導者たちがこれを読まなければ、大変なことになります。（一七三―七六、一九八八・一・三）

五　献金は法度に合うように捧げるべし

1　十分の一献金を捧げる法

公金に対して厳しくなければなりません。十分の一献金は徹底しなければなりません。自分の総収入から十分の一の献金を必ず神様の前に捧げなければなりません。

(一一一二八、一九六一・八・二六)

＊

十分の一献金は、所有している物質中の十分の一を神様に捧げることにより全体を捧げる、という意味をもっています。父に全体を捧げるのではありませんが、その中の十分の一に精誠を込めて捧げることにより、残りの十分の九も聖なる物として取り扱えるようになります。このように十分の一献金を捧げて生活する人は、絶対滅ぶことがありません。日がたてばたつほど、倉庫がいっぱいになっていくので

す。（三一―一三九、一九七〇・六・四）

＊

精誠を込めて十分の一献金をしてみなさい。絶対に飢え死にしません。その子孫は、物質に対して窮乏しないのが原則です。十分の一献金を捧げるために精誠を込めなさい。それが信仰の本質です。適当にすればよいだろうと、それは通じません。祭物は、自分の生命の代わりに捧げるのです。それで、一番貴重な物を捧げるのです。（六三―三三八、一九七二・一〇・二二）

＊

蕩減《とうげん》するために物を条件にします。私たちが十分の一献金を天の前に捧げる理由もここにあります。九数は堕落世界の数です。十数はこれを超える数です。天の世界の数です。（二〇―一二七、一九六〇・一〇・一四）

＊

レビ族が治める教会の祭壇の前に、十一支派は全部十分の一献金を捧げなければなりません。これからは十分の一献金を捧げなければ教会員ではありません。もともとは十分の三献金を捧げなければなりません。一つは自分の国のために、一つは世界のために、一つは教会のためにです。十分の三献金を捧げなければなりません。

私たちが生きていく上で生活の十分の一献金を出すのは絶対的です。それを自分の物だと侵犯してはいけないのです。なぜそうなのかといえば、三三《さざん》が九（三×三＝九）の「九」は、サタンが今まで支配したのです。

サタンが支配するこの地上を、九数を天の前に返し連結させれば、神様が主管できるようになるのです。そうすることにより十数を探し出すことができるので、私が神様を信じて九数を引っ張っていけば、この九数圏内のすべての所有権をサタン世界から分離できるのです。それで十分の一献金という言葉が出てきたのです。（一五〇—二二八、一九六一・四・一五）

＊

復帰途上を越えていく過程にあって、私たちは十分の一献金ではなく十分の三献金をする覚悟をしなければなりません。一つは国へ捧げ、一つはこの世の中の人たちに施さなければなりません。復帰過程ではしなければならないのです。また一つは、天の国へ捧げなければなりません。十分の一献金というのは、天の責任を担う人として、絶対に侵犯してはならないのです。そのようにして誠心誠意を尽くさなければならないのです。（一五〇—二二八、一九六一・四・一五）

＊

皆さんが献金する時、何かを食べて残ったお金で献金してはいけません。そのようなお金は汚れた物です。また買い物に行って残ったお金を献金しても、神様はそこに共にいらっしゃることはできません。（四八―八六、一九七一・九・五）

＊

祭物は、他人が残した物でしてはいけません。それは汚れた物です。恵みを受けた者ならば一遍に分かるのです。それで不浄な所には行けないようにするのです。（三〇―一三三、一九七〇・三・二二）

＊

これからのすべての物は、最後に世界の物にならなければなりません。そうしながら同時に世界的な神様の物になり、世界的な真《まこと》の父母の物になり、世界的な真の子女の物にならなければなりません。すべての物は、そのような物質として復帰しなければならない責任が、私たちにはあります。これを徹底的に感じなければなりません。（二三―三三六、一九六九・六・一五）

＊

自分が使うところからいくらか献金して、それで教会を支えるというのは極めて良いことのようですが、それは悪いことだと思うのです。神様の前に捧げることは自分の生活より、自分全体のことよりも先にしなければなりませんが、それの何パーセント捧げるという観念によって、自分の生活が主で、神様が次の段階に立つのが習慣化されやすいのです。神様が二番目になり、最後になってしまうのです。そうだと思いますか。そうではありませんか。（九六―一〇一、一九七八・一・二）

＊

皆さんが献金をする時はどうでしょう。子供たちが聖日の朝、教会に行く時に、「お父さん、お母さん、献金！　献金！」と言えば、いくらかを渡しながら、「さあ、献金だ、聖日礼拝で献金しろ」ですか。神様が乞食ですか。教会の牧師が乞食ですか。そのような牧師、教会は駄目です。

献金は、自分の財産の核を捧げなければなりません。自分の金庫の一番奥に入れておいて精誠を込めて準備しなければなりません。収穫の秋になり、すべての蔵に穀物を刈り入れる時も、十分の一献金を別に取っておかなければなりません。そのようにして一年の間、息子、娘、一家が共に精誠を込め、愛の心を重ねて祭物として捧げなければなりません。（一六六―七一、一九八七・五・二八）

＊

祭物を捧げておいて、祭物を取り戻すことはできないのです。取り戻す道理がありません。それはより高いところで、その責任者がより高いことのために使えばそれでよいのです。低いところのために使いません。皆さんのために使わなくてもよいというのです。（一二五―一八八、一九八三・三・二〇）

＊

宇宙を創造された絶対全能であられる神様が、乞食に投げ与えるそのようなお金でもって喜びながら、「ああ、福を受ける者たちよ！　お前たちは愛らしい宗教人だ」と言うことができますか。サタンの前に威信が立つのかというのです。献金箱を回しながらお金を出しなさいというでしょう。それは、看板を付けた乞食です。それは、何ですか。それは、神様は喜ばれないのです。（九六―一〇一、一九七八・一・二）

＊

皆さんが先生に献金をしますが、先生はそのようなお金は受け取りません。先生は受け取らない主義です。皆さんがそれを集めるためにどんなことをしたのか、それを私が知って、それに対して恥ずかしくない主体的な立場に立てるようでなければ受け取れないのです。心の姿勢がそうなので、与えても、また与えたい心が神様に宿るのです。（五一―二七六、一九七一・一一・二八）

＊

精誠を込めた献金や礼物に対する時、その価値を知らないで対すれば、精誠を込めた礼物に審判されるという事実をはっきりと知らなければなりません。

王様も自分の身の振り方を間違えば、すなわち、精誠を尽くした人にいい加減に接したなら、滅んでしまいます。精誠を尽くす人に間違って接すれば、天の逆賊として追われるようになります。ですから先生は、精誠を尽くす人にはいい加減に接しないのです。（一八―一四三、一九六七・六・四）

私的な物を公的な物より重要視する人は、天道に反する人です。私的な自分の人格を公的な人格より重要視する立場は、み旨に反する立場です。（五一―二九一、一九七一・一二・二八）

＊

既成教会で、献金することを何と言いますか。それは何かの袋を持って回すでしょう。私たちの教会も、献金をそのように受け取りますか。何の献金箱を持って受け取るのですか。出ていく時、みんなあの門前の献金箱に集めておくのです。精誠を尽くし、恵みを受けていく代価として感謝献金をするのです。

出さない人たちは帰っていって……。そのようなお金をもらっても、それは天が願わないのです。精誠のこもったお金でなければいけません。お父さん、お母さんのポケットにあったお金では駄目です。全部自分の体に三日以上持って聖別して、献金しなければなりません。昼食一回分にも満たないものをどこに献金するのですか。自分の生命、財産を全部はたいてでもしなければならないのに……。（二六六―三一九、一九八七・六・一四）

＊

最初の物は、神様の前に捧げなければならないのです。聖なる物は、神様の前に捧げなければならないのです。聖なる物がない所には、神様が共にされないのです。皆さんの生活習慣は、このようにしていかなければならないのです。（三〇―一三三、一九七〇・三・二二）

＊

十分の一献金は、一番精誠を尽くした聖なる物でなければなりません。それが祭物です。

祭物を捧げるには、聖なる物を捧げなければなりません。息子を祭物として捧げなければならないとするなら、どんな息子を祭物に捧げなければなりませんか。憎い息子ですか。望みのない息子ですか。そのような息子は祭物にはならないのです。

一番良い息子でなければならないのです。なぜですか。祭物は「私」の代身となるからです。(四八—八五、一九七一・九・五)

＊

今、自分が持っている物、または自分所有の財産は、自分が少しの間、管理する過程にあるというのです。皆さんは管理人です。それで、各自がよく管理して奉献しなければならないこの万物は、真《まこと》の父母の懐を通し、神様の懐へ帰っていかなければなりません。

言い換えれば、神様の物であると同時に真の父母の物であるという過程を通さなければ、私の物にならない、という事実をはっきりと知らなければなりません。(二一三—二三四、一九六九・六・一五)

＊

復帰路程の原則的基準で見る時、万物はまず人類始祖の物とならなければなりません。もちろん神様の物ですが、神様が人間に下さった祝福の基準を中心として見る時、人間始祖の物とならなければなりません。堕落しない善の父母の物にならないといけないのです。(二二三—二三〇、一九六九・六・一五)

＊

堕落は、自分のものをつくろうとし、自分が所有しようとすることから始まります。神様とメシヤが来られるのに、このようにすれば必ずサタン側になるのです。それで従順の道理を通らなければならないというのに、いつも堕落した世界に執着する事情が残るようになるのです。皆さんは皆さんの所有を神様のために使おうとする時、どのようにしますか。私は自分が稼いだ物でも、夢にも私の物にはしません。（一〇七―二〇七、一九八〇・五・一）

＊

私のものはあなたのものであり、あなたのものは国のものであり、国のものは世界のものであり、世界のものは神様のものであり、神様のものは私のものだというのが、私たちの主流思想です。まず物質祝福時代を通して人間祝福時代が来て、その次に神様を主とした心情祝福時代が来るようになっています。（一一一―五五、一九六二・一〇・七）

今まで人間が復帰されるのに、万物がどれだけ多くの貢献をしたか分かりません。また万物と人間が一つになれなければ、父の前に行くことができません。（二三一―二三六、一九六九・六・一五）

2 生活にも十分の一献金がある

教会の十分の一献金生活も、食口《シック》の家庭が十あれば引導者一人を食べさせなければなりません。そのようにできなければ天民権をもつことができません。十人が住めば、天の人一人を扶養しなければなりません。

十分の一献金は、すべてに該当します。学校も、十教室中の一教室は、かわいそうな子供たちのための無料奉仕の教室として使わなければならないのです。これからは皆さんが持っているすべてのもの、時間までも十分の一を捧げなければなりません。

過去と同じように物質だけではありません。仮に家族が十人いたら、一人を差し出さなければなりません。そのような基準で出なければなりません。これからは、私たちの教会食口は十分の一献金ができなければなりません。十分の一献金ができない人は食口ではありません。これは義務です。天的な義務だというのです。（一五〇―一二八、一九六一・四・一五）

＊

聖日は十分の一献金の日であり、自分の日ではありません。ですから天の命令どおりに服従する日なのです。天の物を私の物として使おうとするのが罪です。私の子供の中の一人を天の前に捧げなければならず、そのようにできなければ他人の子供でも勉強をさせ天の前に捧げなければなりません。

そうめん一杯を食べるにしても一人で食べてはいけません。天の父に仕えている者として一人で食べて申し訳なければ、「共にいらっしゃる父の前に私一人で食べるしかないので心苦しいです」と言い、父が参与できる条件を立てて、必ず父母をまずもてなす立場に立てておいて生活しなければならないのです。服を買っても、一人で着ることはできません。そのような生活をしなければならないのです。（一五〇—一二八、一九六二・四・一五）

3　蕩減《とうげん》基金

堕落人間が父母を殺した罪、子女を殺した罪、万物を失ってしまった罪をどのようにして蕩減しますか。ユダがイエス様を売って旅人の墓地を買いました。ゆえに蕩減基金で聖徒たちがとどまれる家を準備しなければなりません。元来は、本部を買わなければなりません。十二弟子が売ったために、四年間に一万二千ウォンを献金しなければなりません。蕩減《とうげん》基金は、お金の中でも一番貴いお金を捧げなければなりません。この基金献納は、父と兄（アベル）を殺した罪の血の代わりに蕩減として基本的なお金を納めるのであり、子女たちにおいては父と兄の血の代価となるのです。これからこの基金に加えて、聖殿を建てなければなりません。（一四―六九、一九六四・五・一二）

＊

蕩減基金を、精誠を尽くして返さなければなりません。蕩減基金は、食べる物を食べなくても、着る物を着なくても精誠を尽くし、他人の手を通さないで自分自身が直接出さなければなりません。蕩減基金を伝統にし、私たちの子孫たちも全部この峠を越えなければなりません。

これをすべてがするようになれば、国家の運勢を越えていきます。表面には見えませんが、千の道、万の道の中に泉がわいており、穴を掘れば爆発する力がありす。私たちは他人が知らない中で、このような神聖な祭事を行う祭司長、祭官としての責任をもって祭物を捧げることができなければなりません。（一四―九七、一九六四・六・一四）

＊

一人の誤った行動によって、真《まこと》の父として来られたイエス様をこの地上から追い出した立場になり、神様の摂理は、四方八方が完全にふさがってしまいました。

これを蕩滅する条件として四年間に三数に該当する金額を、イエス様を売ってしまったその実体の額を神様にお返しするのです。四年間というのは東西南北に該当し、韓国では一年に三千ウォンずつ四年間にわたって納めるという条件で、一万二千ウォンを献金しなければなりません。(二二—一八八、一九六九・二・二)

＊

私たちは天と地の恨みを解き、この地にふさがれている城を壊さなければなりません。そうして、今まで道を築いてきながら犠牲になった道人たちを中心とした本部をつくっておかなければなりません。この蕩滅基金は、世界的な蕩滅をするものです。蕩滅基金は、血と汗を流し精誠を尽くしたものを出さなければなりません。銀行に貯金しておいたものを引き出してはなりません。(一四—九七、一九六四・六・一四)

＊

主は、歴史の蕩滅条件を立て、血を流すような道を歩かれました。そうして天地の恨みを解きました。しかし、子女たちが恨みを解けなかったので、これを解くようにするための条件が蕩減《とうげん》基金です。父母は勝利しましたが、子女たちが侵犯を受けたので、勝利した父母の基盤の上に父母を売った恨みを解怨成就しなければなりません。蕩減基金を納入すれば飛躍的に発展するようになります。子女がどんなに父母を迎えても、天地をもったとしても、真《まこと》の父母が流した血の恨《ハン》を解かなければならないのです。（一四—九七、一九六四・六・一四）

＊

食口《シック》たちは蕩減基金を率先して納入しなければなりません。涙と汗と血の恨を蕩減する条件を立て勝利してこそ、また新しい摂理が出てきます。民族的な基盤の上に、国家的な逆境をかき分けて行かなければなりません。

先生は、韓国民族が一番かわいそうな民族になることを願います。それは、私たち民族が一番悲惨な位置にいてこそ蕩減できるからです。それで私たちは今、民族的な蕩減条件を立てて進んでいるのです。（一四—七三、一九六四・五・一三）

＊

蕩減基金は、お金の中で一番貴いお金です。この基金に逸話が多くなければなりません。悲惨なことが多くなければならないのです。（一四—六九、一九六四・五・一二）

六　神様は公的な祈祷を受けられる

1 あいさつにも仕方がある

信仰者は、より大きなことのために公的な祈祷をしなければなりません。(二八一二七一、一九七〇・二・八)

＊

先生は興南《フンナム》の監獄で三年近い歳月を過ごしましたが、その中で何人かの食口たちのための祈祷を、御飯を食べる時から寝る時までしなかったことはありません。たとえ離れていった人であっても、彼のためにずっと祈ってあげました。それで、霊的に先生を探して物悲しく涙を流しながら報告をするのです。

肉身(体)が弱くて仕方なく先生から離れるようになったとあいさつをしましたが、去るようになった悲惨な情景には同情せざるを得ません。そのようにして離れていっても、その人のために祈祷してあげないといけないのです。なぜでしょうか。その人が責任を全うできないで行ったために、継承者が出てくるまで祈祷してあげないといけないからです。

そのような精誠の土台さえ残っていれば、どんなに食口《シック》が落ちていったとしても、神様が必ずみ意《こころ》にかなう人を送ってくださいます。（四二―一六三、一九七一・三・四）

＊

私が拷問を受け、血を吐いて倒れたとしても、「天よ、この血を見て私のために涙を流さないでください。これは恥ずかしい血となるのであり、嘆きにぬれた怨恨の涙になるので、ここに天が同情することを願いはいたしません」と言いました。ですから、監獄に入るようになっても祈祷はしないのです。心情世界にあっては、そのようにしなければならないのです。（二六―二〇、一九六九・一〇・一四）

＊

この世でもあいさつをするのに、その方法があるではないですか。祈りにおいても研究してやりなさい。（御旨の道）

＊

神霊な世界に入って祈祷するようになれば、まず神様のために祈ります。そしてイエス様のために祈ることができれば、歴史的な心情を知ります。その次に、天地創造以後、今まで、キリスト教系の素晴らしいみ旨に代わって闘ってきた数多くの人たちに代わって、祈ってあげなければなりません。堕落以後、アダム、エバから今まで数多くの預言者たちが歩んできましたが、「彼らにつのった恨《ハン》を解怨する祭物になるようしてください」と祈りました。これがすべて終わったのちに、愛する息子、娘のために祈り、その次に、自分のために祈るのです。天法がそのようになっているのです。（七一三二八、一九五九・一〇・一八）

＊

涙を流し、骨髄が溶けてしまうような深刻な境地に入り、一対一で勝敗を決めようというのです。私が涙を浮かべる時神様も涙を浮かべ、神様が涙を浮かべる時私が涙を浮かべるそのような立場で、従順に従う心で神様とやりとりできる境地に入らなければなりません。どんなことでも、そのようにしなければなりません。そうするために祈らなければなりません。根がないといけません。その根が祈祷です。（三一一二九〇、一九七〇・六・四）

＊

精誠を尽くすにおいて、「絶対信じます」という位置へ入らなければなりません。

「神様を絶対信じます」。み旨ならばみ旨に対し、「絶対信じます」という位置に入らなければなりません。そのような位置にのみ、神様が協助されるのです。

祈祷していても、祈りが成されるか成されないかと疑ってはいけません。「父よ！　私だけ残りました。私でなければこの国がなくなり、この世界がなくなるでしょうが、父よ、あなたが六千年間苦労してこられたこの一つの境地に、この境界線に一人残りました。あなたが成就させるみ旨の近くにいる者が、私しかいないではありませんか。国にはこのような存在が重要ですが、私はまだ準備が十分ではありません。しかし、そのような者に命令され、私がそのようにできる条件、そのようにできる基盤を備えて、全体のこの民族に代わってやります。これが復帰摂理ではありませんか」と言えなければなりません。祈祷は、目的の完成のためにも必要なのです。（三二―二九〇、一九七〇・六・四）

＊

祈る時、最初に国のために祈らなければなりません。その次は世界のために祈り、次には神様の解放のために祈らなければなりません。神様が平安な位置にいらっしゃると思いますか。自分がしなければならないことが何であるかも知らずに、世の中の運勢がどのように動いているかも知らないで「おお、主よ。私を天国に送って

くださいませ」と言っています。（一四―六五、一九六四・五・三）

＊

責任者として、本質的な原理的軌道をどのように行かなければならないかということを知らなければなりません。それで祈祷をしなければならないのです。神様と私の関係、神様が私をどれだけ愛していらっしゃるのか。また、食口《シック》のために精誠を尽くさなければなりません。私が食口と共にどれだけの関係を結んだか、これが丸くなるように……。そのために祈祷しなければなりません。（七〇―一七一、一九七四・二・九）

＊

自分の利益のために宗教を信じる人たちは、福を受ければ神様を捨てます。福を受けるのが目的だからです。少し豊かに生活するようになると落ちていくのです。皆さんは、神様が願われることが何なのかを探してさしあげる、という観点で祈祷しなければなりません。そして、世界に福を賜るように、と祈祷しなければなりません。（一二七―二七、一九八三・五・一）

＊

師匠を師匠にするためには、皆さんが責任を全うしなければなりません。父の前に祈祷をするにも、「父よ、あなたの息子、娘が来ました。あなたが会いたいと思っていた息子、娘が来ました」と、堂々と言うことができる環境をつくっておいて祈祷しなければならないのです。(一一―一三二、一九六一・三・二六)

＊

誰が見ていようが見ていまいが、私がすべきことは私がしなければなりません。私たちが神様と約束を守らなければならないのです。夜でも昼でも全体のために祈らなければ、それは生きた祈祷とならないのです。それで自分の願う祈りが変わり、題目が変わりながら発展するのです。今、時がどのような時なのか知らなければなりません。そのような裏面の生活を、祈祷を通して身につけなければならないことを知らなければなりません。(一〇四―一一一、一九七九・四・一五)

＊

先生も自然を愛し、一人でいる時間を趣味としています。物静かな夜がとても好きです。しかし、そのような話はしません。先生にそのようなものがないでしょうか。皆さんに見えないだけです。そのような生活の豊富な底辺基盤を築けるのも、祈祷以外にはないということを知らなければなりません。(一〇四―一一一、一九七九・四・一五)

福は他の所にあるのではありません。自分の心情的姿勢によって福が来るのです。皆さん、祈って精誠を尽くすのはなぜですか。精誠を尽くして「アーメン」と言って出てきて、泣いている赤ん坊がいればおしりを足でけって突く、このようならば、その家はどうやっても駄目なのです。美しい祈り、懇切に願う祈りをしたならば、懇切な心と美しい心で環境を処理して、祈祷する基準の相対的な立場で、その結実を結び得る姿勢を備えなければなりません。

＊

今日、既成教会の人たちは、「賛美歌を歌い、礼拝に行けば天国に行く」と言います。とんでもないことです！　教会に行ってきて、けんかをしてこぶしを振るい、ありとあらゆることをして天の国に行けるというのですか。（二三三―二一〇、一九九二・八・一）

2　真《まこと》の父母様のみ名を通し祈祷する

祈祷する時、「真の父母」のみ名で祈祷しますが、「真の父母」とは何ですか。その言葉は先生とお母様だけだと考えないでください。より高い次元で世界を抱き、民族感情や国家感情を超えて万民を真実に、一筋に愛することができるお母さん、お父さんという境地の基準を考えなさいというのです。それで先生も「真の父母」のみ名を通して祈祷するのです。（三三―一四三、一九七〇・八・一一）

＊

今は、「イエス様のみ名で祈祷」する時ではありません。今はみ名の救援時代ではありません。実体救援時代です。キリスト教徒たちはイエス様の名前で祈ります。しかし、先生はそのように祈りません。イエス様が必要であって、イエス様の名前は必要ないのです。お父さんという言葉は千個、万個あります。しかし、実体は一つだけです。そうでしょう。ですから天の国には、イエス様の実体に乗って行かなければならないのであって、名前に乗って行くのですか。（一三―六三、一九六三・一〇・一六）

＊

統一教会では、イエス様のみ名で祈りません。統一教会に初めて入ってきた人たちは、「えー、なにー、真《まこと》の父母が何だ。なぜ真の父母のみ名で祈祷するのか」と思うのです。皆さん、真の父母とは何か知っていますか。真の父母というのは、エデンの園で堕落せず神様の栄光の中で千世、万世に誇ることができる先祖をいうのです。

ところが、立てられた人類の先祖が堕落したために、新しい先祖がいてこそ、神様、あるいは新しい先祖を中心として摂理するので、新しい先祖の名前で祈祷するのです。道理にかなっているのです。

イエス様お一人では通じないので、イエス様と聖霊を通さなければなりません。イエス様は父の神で、聖霊は母の神なので、堕落した人間たちは誰でも、父母の因縁を通さずしては天国に行けません。（二〇―二六八、一九六八・七・七）

＊

統一教会は、イエス様のみ名で祈りません。父母を求めていくのです。父母の中でも真の父母だというのです。すべて改めなければならないのです。改めるべきことを知らずにいるので、礎石（家屋の土台となる石）を正せというのです。それがずれたままで住もうとすれば、台風が吹いたときに完全に駄目になってしまうのです。（四八―二二八、一九七一・九・一九）

七　伝道は愛を探す運動である

1 伝道は第二の私をつくること

伝道とは何ですか。道を教えてあげることです。神様に戻っていく道を教えてあげるので、それはどれだけ偉大なことでしょうか。本性の人間を見て、「お前はどこに行くのか」と問えば、「いやー！　世界を通し天の国に帰っていかなければ」と言うのです。その道を開拓してあげるので、どれだけ素晴らしいかというのです。迫害を受け、ひたすらに何かを受け、何を受けても、いつも世界を通して天に帰っていくのです。(一一七―一〇二、一九八二・二・一四)

＊

私が生命を捧げ、悪を屈服させれば、神様の愛が私に来ます。これは公式的です。秤《はかり》の分銅と同じです。片方が下がれば、もう一方は上がるようになっているのです。

悪を多く取り除けば善が上がり、悪が多くなれば善が下がるのです。悪を取り除いただけ愛を受けるのです。

ですから、誰よりも私を愛しなさいというのです。神様をもっと愛しなさいと言うのは、神様を愛するほど神様の愛をたくさん受けるというのです。すなわち、神様を愛したので神様の愛を受けるということなのです。（四〇―一四三、一九七一・二・六）

＊

皆さんが、春を迎えるために伝道するのはなぜですか。伝道して何をしようとするのですか。夏の日を迎えようというのです。もっと良い日があり、枝を伸ばし、葉を出して、花が咲き、実を結ぼうというのです。

それでは統一教会はどうですか。「ああ、私は三年の間伝道したので、もう家に帰ってじっとしていてもいいでしょう」。そうすれば、どうなりますか。それは実を結んだとしても、その実を証《あかし》し得る生命の余力をもっていなければ、冬季の北風寒雪が押し寄せる時には干上がり、縮んでしまうのです。（一五九―一八、一九六八・三・一）

＊

伝道は、第二の自分をつくるためのものです。（一八―一八六、一九六七・六・六）

＊

どんなに時代的な一日の生活であっても、伝道するその一日は永遠と関係を結ぶのです。そのような秩序の基礎の上に、私たちの一つ一つの行動が全体、または永遠と関係を結び、それがなくならずに残るようになるというのです。(一五二―二二九、一九六三・五・一五)

＊

伝道すればうれしい。その反面、伝道しなければうれしさがこみ上げてきません。先生もこれをしなければ苦しいので、するのです。伝道をすれば罵倒されてもうれしいのです。(一九―一二二、一九六七・一一・五)

＊

神様が生きていらっしゃることを体験すれば、「伝道するな」と言っても伝道したくなります。伝道すると、新しいことをつくってくれるからです。十人がいるとして、彼らと真摯に対話すれば十人が新しい人になります。

そうしてから、教会に来て祈ってみなさいというのです。そのようになれば彼らが発展する時、必ず自分自身も発展するようになっているのです。私自身が高まるのです。(三〇―一五四、一九七〇・三・二二)

＊

霊界に行けば、誇れるのは伝道しかありません。霊界は、お金を多く持っていたとしても、何の誇りにもなりません。また、世の中で権力をもっていたと誇ることもできません。生命をどれだけ生かすことができたか、これが誇りです。甲ならば甲、乙ならば乙、または氏族を超越し数多くの民族を新しい生命と関連させ、どれだけ生かしてあげたのか、それが財産です。財産はそれしかありません。(三〇―一四八、一九七〇・三・二二)

＊

霊界にはないものはなくて、恋しいものがありませんが、一番恋しいものがあるとすれば、それは真《まこと》なる人です。ですから真なる人を育てるため骨を折ったその功臣は、天上世界で当然、栄光の息子、娘になれます。ですから、誇れるのは伝道しかないのです。(三〇―一四八、一九七〇・三・二二)

＊

皆さんは伝道対象者を前にして、夜を明かし痛哭《つうこく》して祈祷したことがありますか。自分のお母さん、お父さんが死んだ以上に悲しんで、または愛する恋人が死んだ以上に悲しんで、痛哭してみたのかというのです。していないのならば、してみなければなりません。夜を明かしながら痛哭しなければなりません。

一つの生命を生かすことさえできたならば、何も惜しいことはないのです。お金や服や家が問題ではないのです。人を愛することに狂わなければなりません。（三四一―二七〇、一九七〇・九・一三）

＊

皆さんが教会に来る時は、自分の父母、妻子をみんな連れて来なさいというのです。兄、姉、みんなを連れてこなければなりません。皆さんがお母さん、お父さん、親類や遠い親戚まで伝道するために、どれだけ血の涙を流しましたか。一人の生命を引っ張ってくるために夜を明かし、精誠を込め、祈祷しながらどれだけ身もだえしたのか、これが問題となるのです。

皆さんは、逆境の環境にあっても中心にならなければなりません。皆さんが中心になっていかなければならない、ということを知らなければなりません。（四一―九〇、一九七一・二・一三）

＊

伝道をするには、人々の心理を研究しなければなりません。表情や歩き方だけ見ても、その人が喜んでいるのか嫌がっているのかが分からなければなりません。その人の感情を公式的に鑑定できなければならないのです。（四二―一七四、一九七一・三・四）

＊

伝道に出掛ける時、「お金がなくて出掛けられない」と言わないでください。イエス様がお金を持って出ていきましたか。神様が復帰摂理をお金でもってしましたか。生命でもってしたのです。血でもってしたのです。それでキリスト教の歴史は、血で蕩減《とうげん》する歴史なのです。血でもって、生命でもってしたのです。お金でしたのではありません。皆さんがそういう心でもって出掛ければ、天が役事をされると私は信じます。（一五四―二一〇、一九六四・七・一七）

＊

伝道に出掛ける時は、お金を持って出掛けてはなりません。心情をもって行かなければなりません。（二七―二六七、一九六九・一二・一九）

＊

皆さんが伝道をしようと出掛ける時、ただそのまま出ていってはいけません。どのくらい精誠を尽くして出掛けるのか、ということが問題です。ある人を伝道するのに、一週間や一カ月、または一年、二年、三年はかかるだろうと思えば、その期間、精誠を尽くさなければなりません。雨が降っても雪が降っても、御飯を食べても、寝ても覚めても、行ったり来たりしても、または休んだり行動をしたりしても、一切の心でもって、その人の前に完全にすべてを与え尽くせというのです。完全に与えれば完全に返ってくるのです。これが原理です。(四二―二二八、一九七一・三・一四)

＊

神様を愛するのにどれだけの精誠を尽くして愛し、人間を愛することにおいてどれだけ精誠を尽くして愛したのかが問題なのです。これが霊界に行ってからの人格になるのです。栄光の基盤になるのです。(四二―二二八、一九七一・三・一四)

＊

伝道するために夜を明かしましたか。先生は、夜を何度も明かしました。あの世で尋ねられることでしょう。伝道するために幾度夜を明かしたのかを。皆さんは、すべての力を尽くして伝道しなければなりません。(一〇―二五二、一九六〇・一〇・二二)

＊

投網で魚を捕る時、錘《おもり》が少しでも前に出れば一匹でも多く捕まえることができます。私たちはこの錘のような立場で、サタン圏にいる人たちを少しでも天の側に引っ張ってきたい心で動かなければなりません。(一二―一九、一九六二・七・四)

＊

他の人を伝道できるくらいまで育てないといけません。このようになれば、皆さ

んは伝道した人を一人も失うことはないのです。（二九―一九六、一九七〇・二・二八）

＊

精誠を尽くして、どれだけ天が協助するのかを見てみなさい。地で自分の親戚と知り合いを伝道しなければ、あの世へ行って彼らの讒訴《ざんそ》を免れることができないのです。（一八―一三四、一九六七・五・三〇）

＊

伝道をするのも、商売をするのと同じようにしなさい。効果的にしなさいというのです。昔は伝道に行くとか、どこに行くにも何の準備もなく行きましたが、今は準備して行きなさい。精誠を尽くして行きなさい。昔と変わらなければなりません。（一〇二―四五、一九七八・一一・一九）

＊

皆さんは、「生きた人間」の哲学を探究しなければなりません。いつも私がどのようにすればあの人を、先生に、または皆さんに導いてくることができるのかを考えなさい。その人たちが、皆さんに引かれてくることができるようにしなさい。

このようにするためのただ一つの方法があるのですが、先生はその方法を知っています。それは、他の人に仕える精神です。人間には自分自身に利益になるものが

あるときは、いつでもそちら側に行こうとする本性があります。（五二―二七六、一九七二・二・三）

＊

人を探すためには、春の季節のような、夏の季節のような、秋の季節のような、冬の季節のような地方に行って、涙と血と汗を流そうと考えなければなりません。「私が春の季節の人、夏の季節の人、秋の季節の人、冬の季節の人、春夏秋冬の人を愛していく。冬の季節の人、あのソ連の人までも愛していこう」と言わなければなりません。そうしてこそ自分の相対を愛することができるのです。それが復帰の過程なのです。（九六―一五二、一九七八・一・三）

＊

精誠を込めて与えたのに、「彼は言うことを聞かない」と、寂しく思ったり、悲しく思ったりしてはいけません。「天理の原則がそうなのだ」と考える人は福を受けるでしょう。そのような人は、絶対に寂しくなったり、悲しくなったりはしません。時が近づいているので春風が吹くのです。

しかし、精誠を込めて与えたのに、それを受けない人には秋風が吹くでしょう。それは、自分の時が近づいていることを知らせているのです。（四二―一七四、一九七一・

三・四）

2 修練過程と七日断食

統一教会では、二日修練と七日修練、二十一日修練、四十日修練を合わせて、原則は六カ月以内に七十日修練を受けなければなりません。これは、み言《ことば》であり、法条項です。そうしてこそ、統一教会がどのようなものかが分かります。（一〇三―一三八、一九七九・三・二）

＊

百二十日修練を受ければ、統一教会の威信と体面を立てられる正会員になります。二日修練から百二十日修練までを制度化しておいたので、世界のどこへ行っても共通です。（七八―一八八、一九七五・五・八）

＊

「終わりの日」には三大審判を経なければなりません。三大審判は、真理の審判と、人格の審判と、心情の審判です。ここでの教理は、真理です。この三大審判を通過してこそ、真《まこと》の父母と因縁を結ぶ場に参席できる権限をもつようになるのです。（二

六－二八九、一九六九・一一・一〇）

＊

皆さんが霊界に行く時、一週間以上天のために断食ができなかった時には、あの世に行って入籍ができなくなります。なぜですか。神様は六千年復帰歴史路程で苦労されたので、それを思いながら断食をしなければならないというのです。それで統一教会では七日断食期間があります。それは皆さんを苦労させるものではなく、天の前に肉身を打ったという条件を立てさせるためのものです。

肉身を打たなければなりません。私たち人間が、「この怨讐《おんしゅう》の体、肉の塊よ！その中に血がうごめいているのだな」と言いながらナイフで刺さなければならないのを、有り難いことにイエス様が代わりに刺されたのです。それでは、イエス様が私たちに何を残してくださいましたか。イエス様の血と肉を残してくださいました。私たちは、そのようなイエス様に代われる人にならなければなりません。（一七－一八二、一九六六・一二・一八）

八　蕩減《とうげん》と奉仕と献身的な生活

1　蕩減の道を行かなければならない

統一教会員たちは、蕩減の道が好きではないのです。それは復帰が好きではないということです。「ああ、私は復帰するのは好きですが、蕩減は嫌いです」。このような言葉はないのです。何が先ですか。復帰が先ですか。蕩減が先ですか。皆さんは復帰が好きで蕩減は嫌いですが、神様は反対です。

皆さんは、どちら側ですか。神側ですか。サタン側ですか。これをはっきりしなければなりません。皆さんは復帰が好きですが、神側では復帰を好むことができないのです。蕩減を通過したのちにこそ復帰されます。(一一六―一二七、一九八一・一二・二七)

＊

「蕩減」という言葉を知ると、みんなが一番好きになるのです。蕩減がなければ福もありません。統一教会の無限な黄金の塊とは何かというと、蕩減《とうげん》です。蕩減は、死を覚悟してすべてのものを犠牲にし、すべての困難を克服し得る驚くべき単語なのです。(九七―七一、一九七八・二・二六)

＊

責任分担と蕩減は、一つは右側の立場であり、一つは左側の立場ですが、一つは右足のようなもので、一つは左足のようなものです。両足のような責任分担と蕩減復帰を連結しなければ、前進が不可能だということを知らなければなりません。そのようなことを考えてみましたか。蕩減は嫌いでしょう？　神様も摂理もすべて嫌いでしょう？　きょうからは新しく、御飯を食べることを忘れても、寝ることを忘れても、自分が愛する人を思うことを忘れても、これを忘れてはならないことを知らなければなりません。そのように深刻なのです。

神様もこれを通過しなければならないし、レバレンド・ムーンもこれを通過しなければならないし、全世界もこれを通過しなければいけないのです。通じないのです。みんな、ただそのまま通過したいでしょう？　博士や教授の地位をただで取れますか。そのコースを経てこそ博士になれるのであって、何もしないでなれますか。その過程を通らなければ、それは偽物です。(一二四―一〇六、一九八三・一・三〇)

蕩減条件は、自分自身が立てなければなりません。他の人が代わって立てることができるものではありません。堕落は、主管圏を失ったことを意味します。復帰のためには、他の人がある関心をもったとしても自分自身の確固とした主体性をもっていかなければなりません。

＊

他の人がどんな道を行くとしても、私の行く道は忙しいのです。横でどんな言葉を言ったとしても、ここに気を使う暇がないのです。夜寝る時間がありません。定着して、ゆったり座って御飯を食べる余裕もありません。そのような切迫した心情をもたなければ、復帰の道を行くことはできません。（二二―二二一、一九六九・二・四）

＊

病気になった人が病気を治すためには、薬が苦くて飲みたくなくても飲まなければなりません。私たちが薬を調べてみると、良い薬は味が苦いのです。苦いのが本当の薬になるというのです。蕩減条件を立てるのは、苦い薬を飲むように難しいことです。しかし、蕩減条件を立てなければ復帰ができないのです。（九二―二五四、一九七七・四・一八）

＊

天国は、神様を絶対的に中心として侍り、それを通して愛の因縁を結んで暮らす所です。この根本を正しく立てるために神様は救援摂理をされるので、自分を前面に出せば絶対に駄目なのです。(九二―二五四、一九七七・四・一八)

＊

救いの道は、蕩減《とうげん》し、復帰する道です。蕩減とは、堕落した経路をたどって、さかのぼっていくことです。反対に行くことです。(一六七―九八、一九八七・六・二〇)

2 奉仕と献身

真《まこと》の愛の道は、どのように鍛錬することができるのでしょうか。献身、奉仕、そして犠牲を通して鍛錬することができます。これは再創造コースだということを意味するのです。再創造コースでは、皆さんは犠牲を払わなければなりませんが、そのような蕩減の道が奉仕の道となるのです。犠牲の道を通らなければなりません。

私たちが蕩減の道を歩んでこそ神側に立つことができます。蕩減の基台の上で皆さんが神側に立つことができます。これは明らかな事実です。ですから皆さんは、蕩減の道を通過しなければなりません。(一四六―二九四、一九八六・七・二〇)

＊

どちら側が主体で、どちら側が対象でしょうか。誰がついていかなければならない立場にあり、誰が引っ張っていかなければならない立場にあるのでしょうか。神様は、これをはっきり知っていらっしゃるのです。神様は知っていらっしゃるのです。神側になるのです。

この世の中を見下ろすと、いつも二人がけんかしているので、「どちらが私の側になるのか」と言えば、既によく知っていらっしゃる神様は、「うん、ははは……」とおっしゃるのです。「私の側になる人は、いつも犠牲になり献身し奉仕する立場に立つ人だ。そのほうに立っている側が正義のために闘う側で、私はその群れを選択するだろう」とおっしゃるのです。いつも中心は、犠牲になり奉仕するのです。

（二四七―九八、一九八六・八・三一）

＊

統一教会は、「ため」に行く道を取りなさい、「ため」に生きなさい、「ため」に生まれたという天理を教える所です。（一三三―一六、一九八四・七・一）

＊

天国に行く公式は、簡単です。天と地を愛したという条件さえあればよいのです。

このために苦労しなければなりません。まだ、本当にこれを成した人は一人もいません。(一一—七〇、一九六一・一・二三)

＊

善なる道を行く人たちは、いつも犠牲になるようになっています。それで私たちは、犠牲になれと教えるのです。「他人のためになりなさい」というのは利益を得ることではありません。犠牲です。自己投入です。投入するにも、極まで達することができるその基準まで投入しなさいというのです。生命までも捧げなさいというのです。(七八—六一、一九七五・五・四)

＊

統一教会の主流思想とは何ですか。「ため」に生きるということです。神様が「ため」に存在するのと同じように、私たちも「ため」に存在する日には、民族が反対しても世界のために生きられると知ったために、統一教会はこのようにしてきたのです。(七七—三〇二、一九七五・四・二五)

＊

お客を多くもてなして外部の人に多くの世話をしてあげた人がいる所には、サタンは越えてくることができません。皆さんは、このことを知らなければなりません。

（三七―三三九、一九七一・一・一）

＊

皆さんを犠牲にし、皆さんに苦労をさせてこの愛に貢献できる人をつくるのは、世界を代表した愛の結実をもたらすことに貢献することによって、神様の愛を受けて、人類の愛を受けられる人をつくるためです。その運動を、今しているということを知らなければなりません。神様の愛を受ける人をつくり、人類の愛を受ける人をつくるのが統一教会の目的です。人類の愛を、神様の愛を……。（八二―五三、一九七五・一二・三一）

＊

世界のために自分を犠牲にしようという人は、乞食のような姿であっても恥ずかしくないのです。統一教会の群れは安物のパンを食べても、麦パンを食べても、水を飲みながらも、「ああ、けさの冷やしたお茶は、ごちそうよりもおいしいな！」と言って、舌鼓を打ちながら「感謝します」と言えば、天下が泣くのです。天下のためにそのような立場に立てば、主体がいないので、天下が自分よりもっと低いものとなってくっつくのです。（六一―一二三、一九七二・八・三一）

＊

昔は牛を引いて、「どうどう、こっちだ、こっち」と言って畑を耕す時、気分が悪いことが多いではないですか。牛のおしりをたたきながら、「この牛め、お前どうしてこうなんだ。私が精誠の限りを尽くしてこの一時のために使おうと育てたのに、何で言うこと聞かないんだ」と言いながら、むちで容赦なくひっぱたきますか。

そうするよりも、「おお、冬の間休んでいたお前にあいさつもしないで、春になったので引っ張り出し、よく食べさせもしないで仕事をさせてごめんよ」と考えて、牛よりももっと耐える心をもって、ぬかるんだ道を音を立てて歩いていけばどうでしょうか。そうすれば天が見る時、かえってその人を近く感じられるのです。

賢く、ずばずばと臨時処置が良くできるよりも、純情をもって福を待たなければなりません。そのように、福なる心をもって生活してこそ福が訪れるようになっているというのです。（一二七―八九、一九八三・五・五）

＊

世界は、より大きな摂理のために、蕩滅《とうげん》の目的に向かっていくのです。神様が喜ばれると考える時、自分の一族が餓死するのを見て胸を痛め、心に傷を負うよりも、それ以上にそのことを知り、神様を受け入れなければならないでしょう。

そのような一日において、どんな十字架の道が来てもその十字架上で祈祷し、誰よりも苦労の道を行こうと決意しなければなりません。投入し投入して、忘れなければならないのです。(二二九―二三七、一九九二・四・一二)

＊

信仰生活をする上で、皆さんの心の中に、爆発的で刺激的な力をもってみ旨の世界に向かって行こうという余力がありますか。そのような心があれば、神様が皆さんと共にいらっしゃるという証拠です。反面、そのような力がないならば、神様が皆さんと分離している証拠です。(三三一―二二、一九七〇・六・一四)

＊

有史以来、神様のみ旨に従った数多くの宗教者は、自分自らを否定する修行をしてきました。「犠牲になり、奉仕せよ！」というものでした。しかし、なぜそのようにしなければいけないかを今まで知らなかったのです。それは、本然の世界が「ため」に生きる本郷だからです。

ですから、その世界に行くためには、そこに行ける訓練と準備をしなければなりません。したがって、高等宗教であるほど犠牲と奉仕を強要したのは、歴史時代に、神様が歴史過程を通じ摂理してこられたからです。それが歴史的な事実であることを、ここで公認することができます。神様がいらっしゃるということを公認するこ

とができるというのです。（七七―一七〇、一九七五・四・一四）

＊

人類を愛する心がわきあがり、人類と共に自分の生命を分かちたい心が絶えないのは天に属していることを証《あか》すものですが、自体を中心とした愛と自体の価値を誇る生命力として終わるならば、自分から既に神様は離別しているという事実を知らなければなりません。

そのような人の行く道の先は、天ではありません。そのような人は、自己を中心とした限界点に到達するでしょう。（三二―二一、一九七〇・六・一四）

＊

皆さんは、神様とサタンの作戦法を知らずにいます。打たれて奪ってくる道は、アベルが行く道です。サタンは先に打つので勝ったように見えますが、あとになると自分がもっている自分の善なるものまでプラスして返さなければならなくなるのです。悪の側だということは、相手を打って占領したとしても栄えるのではなく、悪なるものの中にある善なるものまで奪われるのです。

言い換えれば、神様は餅をついて渡しておき、それを返してもらう時には、餅に大きな粉がついてくるのと同じような役事をされるのです。一時は悪が栄え、善を打

つ立場に立ちますが、だからといって天が滅びるのではありません。（五六—八五、一九七二・五・一四）

＊

一瞬一瞬、必死の決意をする皆さんにならなければなりません。神様が今まで求めてこられたこの一時を、無意味に失う人になってはいけません。これは千年の歴史とも替えられない価値をもったものなので、これを逃せば大変なことになります。

この世をみな失って、探し出したものをすべて手放すとしても、これだけは絶対に手放さないと決意する皆さんにならなければなりません。私の生命がなくなってもこれだけは残して行くのだと、もう一度固く誓いながら、精誠の限りを尽くして前進しなければなりません。（二六—一四一、一九六九・一〇・一九）

九　食口《シック》間の法度と礼節

1 食口は天情で結ばれた因縁

統一教会員たちを、私たちは食口と言います。食口というのは兄弟の因縁をもたなければならないし、父母の心情を同じくして生まれなければなりません。そうしてこそ食口となれるのです。同じ父母をもち、同じ兄弟の因縁をもたなければなりません。父母の生活と習慣と伝統を、ただそのまま相続しなければなりません。そうして天が喜ぶ家庭形態をもたなければなりません。そうしてこそ食口となるのです。（一五五―二一一、一九六五・一〇・三〇）

＊

今日、私たちは手と手を取り合って集まりました。老若男女を問わず、見知らぬ他人同士が集まりました。私たちには血が通じています。私たちには天情が通じています。出発が聖なるものだったので、結果も聖なるものでなければならないのではありませんか。（六七―三二五、一九七三・七・二二）

＊

私たちがもって生まれた因縁は、立体的な因縁だということを知らなければなりません。今まで歴史上にあった、ある思想を基調として出てきたものではありません。神様の心情と神様の創造理想を基調として、本性の人格を標準にして始まった因縁なのです。これは、すべての因縁の核心なので、絶対視しなければなりません。（四九―二〇六、一九七一・一〇・一〇）

＊

私たちは、違う因縁によって集まった者たちです。ですから、兄弟ではない者たちが集まりました。兄弟ではない者たちが集まって、肉身の兄弟たちを主管しなければなりません。それが違うのです。兄弟ではない者たちが自分の肉身の兄弟を主管しなければなりません。そうでなければ皆さんの家は皆さんと因縁がないのです。事実、それは自分が直接できないのです。ですから私たちは、兄弟にもっとよくしてあげなければなりません。（四九―二〇九、一九七一・一〇・一〇）

＊

食口《シック》に対する時には、その人を傷つけないように注意して、また信仰生活の助けにならない言葉を言ってはいけません。（一八―四三、一九六七・五・一七）

＊

食口がある困難に遭い、ある環境にぶつかって苦難に遭う時、お互いに自分のことのような心情で、同情する心をもたなければいけません。（二五―二九一、一九六九・一〇・五）

＊

先生は、食口を非難し、食口を謀害（注：謀略で人を害する）するのを見ると我慢できない人です。世界を愛したい心があれば、その愛をどこからしなければならないでしょうか。私たちの間からしなければいけないというのです。東西南北から一つの因縁に従って集まった私たちが、お互いに愛し合おうということです。顔を見なければ生きられないのです。会わなければ駄目だというのです。このような因縁で連結されているので、統一教会はそれでも、この悪なる世の中とは違う何かをもっていると自負しているのです。これを忘れてしまっては、私たちは何にもなりません。（四九―六二、一九七一・一〇・三）

＊

私たちは素晴らしい人たちです。世界がうらやましく思い、天と地がうらやましく思い、霊界のすべての聖人と賢哲たちがうらやましく思う堂々とした生涯を歩んでいる、天が捨てることのできない、天が称賛するだけでなく訪ねてきて愛そうとすることのできる、そのような背景と内容をもって生きる素晴らしい男たちです。

（一七一―二九、一九八七・一二・五）

＊

善なる先祖をもった子孫がここにいれば、先祖たちが積極的に協助するというのです。そのような立場に皆さんが立っているのです。このような立場にいる皆さんがよく素晴らしく闘い、行く先々で百戦百勝の戦績を立てる時、霊界では永遠に喜ぶのです。このような皆さんになれば、雑神《チャプシン》（注：正体の分からない様々な鬼神）が出てきても驚いてひっくり返るでしょう。そのようになっています。ですからこのような先祖たちは皆さんに、王様に仕えるように侍るでしょう。皆さんはこのように感じなければなりません。（一四―一二、一九六四・四・一九）

＊

六千年の結実体が落果のように、熟さずに落ちてもよいでしょうか。ただ、風が吹くのではと心配しながら、「ああー、私が落ちそうだ。もうちょっとだけ吹けば落ちてしまうでしょうから、先生、揺らさないでじっとさせてください」と言ってよいでしょうか。ここには、このような輩《やから》もいるでしょう。

反面、「先生が斧《おの》で強く襲いかかり、枝を思いのままに揺らしても、引き裂かれるまでは絶対に落ちません」という群れもあるでしょう。皆さんは、どの群れに属しますか。風が吹くかと心配する群れですか。揺らしても落ちない群れですか。(四六―一五五、一九七一・八・一三)

*

皆さんがここに来た目的とは何ですか。それは、ある環境的な問題を解決するために来たのではなく、人間の根本問題を解明し、絶対者から認定を受け、確定を受け、その絶対者の前に立てるようになるために来たのです。(一一―二二四、一九六一・九・二〇)

2 食口《シック》の間にカイン・アベルの関係がある

統一教会員たちを中心に見る時、カイン、アベルとは誰かといえば、横的には先に入ってきた人がアベルで、縦的には新しく入ってきた人がアベルです。縦横関係を見る時、横が縦を重要視するのであって、縦が横を重要視するのではありません。このようになるのです。（四九―一二四、一九七一・一〇・一〇）

＊

アベルになる秘訣《ひけつ》とは何ですか。伝統を守ることです。死に遭遇しながらも反発しない人が、アベルになるのです。イエス様を「小羊だ」と言ったでしょう。ですから、たとえ刺されたとしても反発してはいけないのです。（四九―一二四、一九七一・一〇・一〇）

＊

アベルはカインを愛さなければいけません。愛で自然屈服させなければいけません。血と涙で愛する立場に立たなければいけません。誰よりももっと高い愛を与えなければいけないのです。そうでなければ屈服させることができず、復帰ができないのです。私たちは、既成教会のために、大韓民国のために、北朝鮮のためにそのようにしなければいけません。それで先生が今、北朝鮮のために祈祷しているのです。（三四―一八三、一九七〇・九・一三）

＊

アベルは何をしなければいけないのでしょうか。三代復帰をしなくてはいけません。最初に、カインを復帰しなければいけません。次に、父母を解放してあげなければいけません。その次には、神様を解放してさしあげなければなりません。このように三代復帰の使命があるというのです。言い換えれば、サタン世界を解放してあげなければ、父母が出てくることができず、父母を解放してあげられなければ神様が解放されません。この三代解放圏の責任をもつのがアベルの使命です。（五八―六八、一九七二・六・六）

＊

教会を中心に誰がアベルで、誰がカインかを分別することができなければいけません。二人いれば必ず一人はアベルで一人はカインだということ、三人いれば二人がアベルになることもあるし、カインになることもありますが、一番中心的なアベルとカインがいるということ、これを皆さんが確実に分別することができなければなりません。（三一―二〇六、一九五七・一一・一）

＊

カインとアベルが一つになれず、分かれてはいけません。一方は正しいほうであり、一方は悪いほうです。ですから誰でも、私の神様であると同時に、あなたの神様であり、私を愛するだけでなく、あなたを愛する神様であるという信仰の立場で、お互いにアベル的な存在を求めて侍り、カイン的な立場を避けて、最大の努力をしなければいけません。もしそのような人になれなければ、いつか一度は天の審判にかかってしまうということを、はっきりと知らなければいけません。（三一一〇六、一九五七・一一・一）

＊

カインとアベルは、どんなところで決定されるでしょうか。カインとアベルは、楽な良い所で決定されるのではありません。カインとアベルが必要なのは何のためですか。それは蕩減《とうげん》復帰するために必要なのです。蕩減復帰しようとするには、どのようにしなければいけませんか。祭物にならないといけないのです。（三四一九一、一九七〇・八・二九）

＊

神様は、アベルをどんな場で決定するでしょうか。サタンの讒訴《ざんそ》を受けない場で決定するのです。サタンの讒訴を受けない場とはどんな所でしょう。神様と一体となった立場ですが、その場は喜びの場ではなく一番悲しい立場、一番大変な立場です。言い換えれば、死のうとする場、一番悲惨な場で神様と一体となることができるというのです。（三四一五一、一九七〇・八・二九）

3 誰がアベルで誰がカインなのか

統一教会員の中で、「私が先に入ってきたのでアベルで、あとから入って来た人はカインなので、私に侍りなさい！」と言う、このような狂った人たちがいます。アベルとは、どのような人ですか。神様のみ意《こころ》どおりにする人がアベルです。より公的な人がアベルです。

カインとは何ですか。サタン側です。サタンは、自分を考えるところから出発したのです。アベルは、自分を考えず神様を考えるところから始めたのです。これを知らなければいけません。（五八―六八、一九七二・六・六）

＊

先に入ったといっても、我欲を張る人はカインです。自分の思いが先に立つ人は、カインです。先生は、このような原則で人に対します。どんなに古い食口《シック》でも、その心が自分のためにするようになる時は見向きもしません。今は仕方なくそのままにしていますが、時が来れば荷物をまとめさせて追い出すのです。先に来たからといってアベルではありません。私的な基準が先になるのは、カインです。自分より

公的な問題、天をもっと考えるのがアベルです。（五八―六八、一九七二・六・六）

＊

ここの統一教会員同士、兄弟を決める上で、先に来た人はアベルの立場であると同時にカインであり、あとから来た人はカインの立場であると同時にアベルです。（二四―三四八、一九六九・九・一四）

＊

原理的な立場ではアベルが中心です。この中心の中には神様が入っていらっしゃらなければいけません。ところで皆さんは、アベルになりましたか。アベルになるには従順に従わなければいけません。神様に従順に従って一体にならなければいけません。神様と一体になるには、神様が「しなさい」とおっしゃるとおりに、すべてしなければいけません。神様が「しなさい」と言われることを、すべてできなければアベルになれません。九十九までしたとしても、一つができなければアベルになれないというのです。（三四―四六、一九七〇・八・二九）

＊

統一教会員の中で、どのような人がカインですか。頭を突き出し、あごで人を使う人たちがカインです。それでは、アベルはどういう人ですか。責任を果たそうとする者がアベルです。

本来は先に入ってきた人がカインなのに、先に入ってきた者がアベルの位置で威張り散らします。それは自縄自縛《じじょうじばく》になるのです。そのような人がどんなにいろいろなことをしても、原理原則どおりにしなければ先生は使ってあげないのです。(四九―二二四、一九七一・一〇・一〇)

＊

アベルはどんな存在で、カインはどんな存在ですか。原理で見て端的にいえば、カインは自分に心配事があれば、その心配を他の人に覆いかぶせようとする人です。アベルは自分に心配事があっても、他人の心配事まで引き受けようとする人です。その差です。(六二―一八九、一九七二・九・二五)

＊

どんな人がアベルで、どんな人がカインかといえば、侵害される人がアベルで、危害を加える人がカインです。例えば、父母の前に二人の息子がいて、上の息子は年を取っていて下の息子は年が若いとしましょう。

ところが、その父母の相談相手とかすべての面において、父母に代わることができる息子は長男だけだとしても、下の息子が何も失敗せず間違いも起こしていないのに、この長男が下の息子に手を出せば、父母は上の息子の側に立つのではなく下の息子の側に立つのです。これが今日、社会で適用される善悪の批判基準だということを知らないでいるのです。危害を加えた者がカインになるのです。(五六―八五、一九七二・五・一四)

＊

教会のために熱心に働いて精誠を捧げる人を見て、「あの人は他の人と違ってあれは何だ」と悪口を言えば、既に彼はカインになるのです。皆さんがそれを知らなければなりません。カイン・アベルはそのように分けられるのです。罪がない立場で批判される人、被害を受ける人は必ずアベルになるのです。批判する人、危害を加える人はカインになるのです。(五六―八五、一九七二・五・一四)

＊

話をしたとしても、他人に利益を与える言葉を言う人はアベルになるのです。害を及ぼすような話をする人はカインになるのです。私が他人に利益を及ぼすというのは利益を与えることですが、自分の利益のために何かをするというのは害を与えるのと同じです。ですから他人の利益になるようにするのは公的な立場です。自分の利益のための立場は私的な立場です。このような意味で、公と私を中心としてア

ベルとカイン、善と悪が分かれるのです。これを皆さんは知らなければなりません。（五六―八五、一九七二・五・一四）

＊

より公的な存在がアベルです。統一教会の教会員の中には、先に入ったのでアベルだと考える人がいますが、先に入っても公的な立場に立てなければカインです。間違いなくカインです。カインも自分が先に生まれましたが、アベルより公的な立場になれなかったのでアベルに従わなければならなかったのです。

統一教会員の中でも、先に入ってきたと傲慢《ごうまん》に「私が先に入ってきたのでアベルだ」と言っている人がいるかもしれません。しかし、あとで入ってきた人より公的な立場に立てなければカインです。アベル的な存在は、より公的な立場に立った人です。（三一―一六五、一九七〇・五・二四）

＊

先生が一生涯をすべて捧げて自分の利益より公的な利益のために犠牲になり、そのような材料ならば材料、量ならば量を多く投入したことを隠しているので、皆さんが自然に敬うようになるのです。

それが原理であり、天運なのです。（六四―八一、一九七二・一〇・二四）

＊

アベルの完成は、個人的アベルの完成、家庭的アベルの完成、氏族的（宗族的《そうぞく》）または民族、国家、世界的アベルの完成の基盤を引き継いでいかなければ、世界天国復帰というのは不可能なのです。それを知っている私たちは、夜昼やって来るその日その日にこの原則を適用させ、この原則の発展を連結させるために休みなく走ることができなければなりません。そのような人を「天の人」と言うことができるのです。分かりましたか。（六四―八一、一九七二・一〇・二四）

十　他人との人間関係

１　人にいい加減に対するな

人にいい加減に対するなというのです。それで一九七〇年まで本部では、「通りすがりのおなかをすかせた人は誰でも食べていきなさい」と言っていたのです。おなかをすかせた人に御飯をあげるのは人間の道理です。もらった御飯でも、分けて食べるのが道理です。米櫃《こめびつ》にお米を入れておいて、「通りすがりのおなかをすかせた人が御飯をもらって食べる」と言ってけなせば、その家は長く続きません。（五六―三七、一九七二・五・一〇）

＊

かわいそうな人を見れば、助けてあげるために、すべての物をあげたくなる時もありました。与えたい心、助けてあげたい心をもって欲するようになる時は、神様も褒めたたえます。自分だけ食べて生きようとするのではなく、全体を良くするために、現在は苦しいけれども未来を良くするために欲心をもつのは良いことなのです。（四二―一六八、一九七一・三・四）

＊

ただ飯をたくさん食べさせてはいけません。ただ飯を食べさせると同時に、公的な心を多く働かせなければならないのです。それが福を受ける道です。ただ飯をたくさん食べさせると同時に公的な心を多く働かせた人、そのような人は誰も嫌いません。（五六―三七、一九七二・五・一〇）

＊

人を無視してはいけないのです。「一寸の虫にも五分の魂」と言うでしょう。それは必ずそうだというのです。死ぬ時、恨みを抱く、その恨みを買う人は先が長くないのです。（五六―三八、一九七二・五・一〇）

＊

人に対することを面倒くさく思ってはいけません。義務的な過程では復活の役事が起こりません。おもしろさがなければなりません。時が過ぎるのも知らずに夜を明かし、天国がここしかないというところからのみ、天国に行くことができる価値が発見されるのです。そうではありませんか。木も完全に密着されてこそ接ぎ木できるのではないかというのです。（七五―一七七、一九七五・一・二）

＊

先生は、私たちが食べられなくても、訪ねてきた人に良くしてあげようとします。彼らが百ほどの基準の道を修めれば、その基準以下で対しては私たちがふさがってしまうのです。審判されるのです。そのような時は倍以上、三倍、五倍、十倍以上してあげるのです。そのようにしてあげたとしても滅ぶことはないのです。そうすれば天が感服するというのです。「こいつ、天より優れている！」と言うのです。（五六―三八、一九七二・五・一〇）

じっと見てみると、良い家は、犬が糞《ふん》をしても、その家の庭の隅に行ってしまいます。ところが主人が、「こらっ、この犬め！　この町の犬はなぜみんなうちの庭の中に来て糞をするのか」。このように不平を言う人は福を追い出すのです。「さあ来てしなさい、さあおいで」そのようでなければならないのです。（六〇―一五八、一九七二・八・一九）

＊

闘うなというのではありません。二人とも良くなる時は闘うのです。一人が滅ぶ時には闘ってはいけません。闘うとしても、自分の味方をつくり教育するために闘わなければならないのであって、怨讐《おんしゅう》になるために闘ってはいけないのです。（一〇四―二三三、一九七九・三・二五）

＊

与える時は、父母の心をもってあげなければなりません。自分の欲望と野心をもってあげてはいけないのです。父がそのようにされたので、皆さんもそのようにしなければなりません。（一一―二六八、一九六二・一二・一四）

＊

人を愛するのに惜しんではならず、何を投入したのか記憶してはならず、もっとあげたいと考えるのです。ですから皆さんが、良い食べ物があったとき、隠して一人で食べる人ならば、倒れて死んでしまう者だというのです。食べ物があればそれを食べないでとっておき、私が食べられなくても与えたい、一人では食べられないと食口《シック》を思う、そのようにできる人にならなければなりません。そのような父母の心をもった者とならなければならないのです。（七〇―一六六、一九七四・二・九）

＊

与えるには、どのようにして与えなければならないのでしょうか。食べ残した物を与えてはいけません。残り物をあげれば、食べ終わっても気分が悪くつばを吐くのです。お餅をあげるとしても、五つあれば五つの中であれこれ取ったり置いたりして選んであげるときは、かえってあげないよりも気分が悪いというのです。他人にあげるのに、五つあれば半分くらいそのまま取って相手にあげれば、有り難いと思うのですが、あれこれ取ってからあげれば世話になった人は、世話になったあとで批評するのです。ですから相手にあげるには、神様と共に父母の心で与えなさいというのです。（六〇―一七〇、一九七二・八・一七）

2 他人との人間関係

今日、人間たちは人に対してとても無関心です。横的関係において、横的な因縁を中心として互いに尊重することが少ないのです。老若男女を問わず、人に対してみな面倒に思っています。人が面倒に思うようになれば、道義の道を行く人になることができません。(二五―一九一、一九六九・一〇・五)

＊

神様と一致した人になって、万物世界またはこの世界の前に、神様の愛の代身者として、全体に対して情緒的な基準で横的関係を広げ結んでいくのが、信仰者たちがしなければならない生活だと見るのです。生活で、これが結ばれなければなりません。生活で、これを成さなければならないのです。そうするには、皆さんがそのような神様の心情に代わって対人関係を結ばなければならないのです。(八二―二七五、一九七六・二・一)

＊

人と人が会うところは……。ビリーヤードをすれば、玉同士が当たって、あちこちに転がるでしょう。これがおもしろさです。人と人の出会いも、そのような作用をするのです。それがぶつかれば引っ張って一つになり押し出す、そのような気分になるのです。皆さんがサッカーボールをけっても、そのボールが上がったり落ちたり、変化が多いほうがよいでしょう？　同じなのです。（九一―八一、一九七七・一・三〇）

＊

私たちが五官を通して感じる、感覚の一切を統合して、この命、または愛とどのくらいの関係を結んで生きるかによって、人間としてどれくらいの価値をもっているかという問題が左右されるのです。ですから私たちは、私たち自身が生命力と加重された愛の心をもって対人関係を結んで社会生活をしてきたのか、という問題を考えざるを得ないのです。もしそのような立場に立っていることができなければ、停止するか、そうでなければ後退するということを知らなければなりません。（三二―一九、一九七〇・六・一四）

＊

神様が復帰摂理をしてこられるに当たって、私たちの大韓民国だけを必要とするのではありません。世界人類をすべて必要とされるのです。ですから、人に対する深い関心をもって出てこられるのです。これは、今まで神様の摂理の中で、一番重要な目標でした。私たちがその目標を成すために集められた群れだとすれば、神様と同じような立場で関心をもって対することを知らなければなりません。（二五―二九一、一九六九・一〇・五）

＊

すべての人に対する時、欲心をもって対してはいけません。（三三―一四三、一九七〇・八・一二）

＊

善なる人になるためには、悪を他人のことと考えるのではなく、自分の痛みとして感じ、夜を明かして彼らのために涙で祈ってあげ、彼らの罪を贖罪《しょくざい》するために祭祀《さいし》を捧げる心をもって暮らさなければなりません。そのような人は、悪なる人の本性の中心存在にならざるを得ないのです。（三四―一三〇、一九七〇・八・三〇）

＊

良い人は少年も愛し、青年も愛し、壮年も愛し、お年寄りも愛することができなければなりません。また、自然に対して人が主体的な立場に立ったならば、その主体的な人は、春も好きになり、夏も好きになり、秋も好きになり、冬も好きになるのです。（七二―一〇〇、一九七四・五・二六）

＊

愛することにおいて、より愛し、尊敬し、敬うべき人はお年寄りです。若者には会うだけでもよいのですが、活動するにも不自由で、力も不足し、第三者のお世話にならなければならない老人たちには、もっと愛さなければならないし、同情もしなければならないのです。ところが、そのような風潮をこの社会では見いだせないのです。（二五―二八九、一九六九・一〇・五）

＊

人を愛するといって、若者だけを愛してはいけないのです。愛するのは、お年寄りから幼い子まで、すべての人を愛さなければなりません。最近の青年たちを見れば、お年寄りを相手にしないようにしますが、それではいけないのです。お年寄りも愛さなければならないし、若者も愛さなければならないのです。（二五―二八九、一九六九・一〇・五）

＊

人を愛さなければなりません。人を愛し、人を恋しく思うことにおいて、どんな団体よりも強くなければなりません。これが人間のみ旨ではなく、神様のみ旨を中心とした集まりだとするならば、必ず全世界に愛の実として残るでしょう。木々が山を覆うように生い茂る時には、どれが松で、どれが柾《まさき》なのか見分けるのが難しいのです。しかし秋になり、冬になれば分かります。冬になって、枝と幹だけの木々の中に緑の木が見えたならば、それは希望を呼び起こすのです。それは、新しい因縁が結ばれることを象徴するというのです。（二五―二八七、一九六七・一〇・五）

＊

「心をつくし、精神をつくし、思いをつくして、主なるあなたの神を愛せよ」（マタイ二二・三七）これが一番目の戒めであり、二番目は「自分を愛するようにあなたの隣り人を愛せよ」（同二二・三九）というのです。一番目の戒めは神様を愛し、二番目の戒めは人類を愛することです。隣町ではありません。人類を愛せよというのです。人類とは、兄弟であり隣人なのです。（一三六―一三九、一九八五・一二・二二）

＊

驕慢《きょうまん》は怨讐《おんしゅう》です。驕慢と固執はサタンの本職です。サタンの要素です。それで私たちは、驕慢の代わりに謙遜、固執の代わりに和合をしなければなりません。和而《わして》有親《しんあり》です。あの人にも良くしてあげ、この人にも良くしてあげる人にならなければなりません。そのようになってこそ、すべてのことに通じるようになるのです。あの人この人、二人が一つにならなければ大きいものが出てこないのです。和合しなければそのようになるのです。

サタンの本質には、ねたみと嫉妬のようなものもありますが、驕慢と固執は、私たちには許すことができないものです。（三七―一三二、一九七〇・一二・二三）

第四章　祝福家庭の伝統と生活礼節

一　祝福家庭の生活法度（方式）

1 家法と礼節がしっかり立たなければならない

今まで私たちはいい加減に生きてきて、言葉もいい加減に話してきました。しかしこれからは、私たちの家庭でも規律を立てなければなりません。父母が、怒りがわき上がるといって子供を自分の気分でたたいて、「こいつはどうしようもないやつだ」と言うような、この世的な俗な言葉を使ってはいけません。これからは、すべてが一新されなければなりません。神様を中心として、言葉から、態度から、生活から一新された立場に立たなければならないのです。（二八―二五二、一九七〇・一・二二）

＊

習慣性で生きる家庭になってはいけません。家庭は四位基台を成すことのできる基点です。ここでは、家庭の一体化が要求されます。神様が願われる本来の基準の

前に一致しなければなりません。（二一—七六、一九六八・一〇・二〇）

＊

本家が栄えるためには、先祖から引き継いできた家法というか、礼法を良く受け継いで実践しなければなりません。「そんなものどうでもいい、私と何の関係があるのか」と言うような人は、本家の子孫になることはできません。もしそのような人が本家の長男として生まれたとしても、そうなることができないというのです。（二一—二五二、一九六八・一一・二四）

＊

神様から受けた純粋な血統を、私たちがどのように保有するかが問題です。堕落した血統ではなく、純粋な血統をいかに保存するかということです。

そのために本当に悩まなければなりません。汚染されていなかったエデンの園でも堕落したのに、この罪悪世界できれいになっていくということは、とても難しい問題なのです。罪悪世界で生まれた父母は苦労をしたとしても、祝福を受けて生まれた子供たちには、汚染されていない環境をつくってあげなければなりません。私たちが犠牲になっても、二世たちのためにそのような環境を早く準備しなければならない、というのが先生の考えです。急がなければなりません。（御旨と世界—五五〇）

罪の世界から解放されようとするなら、韓国の国民であっても、「私は韓国の国民である」という観念をもってはいけません。「韓国の国民だ」と思う前に、「私は神様の人だ。天の民だ。天の人だ」という観念をもたなければなりません。世界が使っている言語、着ている服、はいている靴、女性が使っている化粧品、このような風習と習慣の中に染まった罪の本性を無慈悲に切れるように、刃物を持った生活をしなければなりません。

＊

これが罪の世界から解放されるための生活です。この世の歴史、習慣、環境の悪習に勝利しなければ、罪の世界を主管する道はありません。真《まこと》の人になりたければ、真の国を見つけたければ、天国に行きたければ、環境的なすべての悪の条件から解放されなければなりません。（九七―三二七、一九七八・四・一）

＊

習慣的で世俗的な家庭ではいけません。「今はこうだが、後日には良くなるだろう」と思ってはいけません。既に完全になっていなければなりません。現在が問題になります。過去と現在が完全であってこそ、未来も完全になることができます。エデンの園でもこのような一日をもてなかったことが、堕落の証拠です。過去と現在と未来が一致する立場が理想的な立場です。現在を捧げることができなければなりません。地上で永遠の足場になってほしい、というのが神様の願いです。これが歴史的な総合点です。（二二一―七七、一九六八・一〇・二〇）

＊

イスラエル民族がカナン復帰をしたのちに滅亡してしまったのは、彼らが既存の環境に同化し、習慣化してしまったからです。彼らはより良い生活をし、より多く食べる豪華な生活に気持ちを奪われてしまったので滅亡したのです。異邦人であっても、金持ちであれば結婚しました。また権力を貪欲に欲し、知識を好みました。彼らは結局、既存のカナン文化に同化し、選民の精神をないがしろにしたので滅亡してしまったのです。（一四四―一三四、一九八六・四・一二）

＊

習慣は、最も直しにくい悪い癖《くせ》です。皆さんが結婚して子供を育てながら習慣的な生活をするようになると、それが身についてしまいます。そのような環境の中では、特別な精誠や祈祷をする時間がないのです。子供たちがそばで騒ぐので、祈祷の時間がないのです。（三〇―一二五、一九七〇・三・二二）

＊

これからは刃物を持って、切るものは切り、解剖するものは解剖しなければなりません。皆さんが自分勝手にしてはいけません。統一教会は天国を成さなければならない教会なので、個人ではなく、家庭を見つけなければならないのです。家庭生活で手本になることのできない人は、世界的な非難を受けるでしょう。全天宙的な非難を受けるはずです。(三〇―二三〇、一九七〇・三・二三)

＊

祝福とは、責任を果たしてこそ貴いものです。男性はこぶしを使い、女性は口を使ってはいけません。この世的な悪口を言ってはいけません。何かが変わらなければなりません。すなわち、家庭は小教会です。天の代行機関として行わなければなりません。天が訪ねていきたい家庭にならなければなりません。最低限、三家庭が一箇所に住まなければなりません。

特別にきょうを期してお話ししたいのは、まず大勢の人が往来できる家庭にならなければなりません。人の和が最も大切です。それから二番目には、天の家庭同士が団結しなければなりません。最低限、三位基台になった家庭同士だけでも完全に一つにならなければなりません。(一五―二七〇、一九六五・一〇・二四)

＊

私たちは、個人を主とするのではなく、家庭を主としなければなりません。かといって家庭のみを中心としてすべてのことを清算するのではなく、全部を連結しなければなりません。ですから昔、一人で修行生活をした時の努力をもってしては成せません。昔、努力したことの何倍もの努力をする、という決意と覚悟を付け加えなければなりません。悪に対して挑戦していく生活は、うっかりすると疲れ、後退しがちです。家庭をもったときは、一人のときよりも何倍も努力しなければなりません。家庭は中心を定めた所です。私たちは現実を避けることはできません。前後、左右、上下の関係を家庭で成さなければなりません。過去の信仰形態をもってはいけません。過去の一方的な信仰態度ではいけないのです。（二七―八五、一九六九・一二・二六）

＊

家庭の伝統を立てて、祝福家庭は家法を作らなければなりません。そして、子女の教育基準と家庭の規範をつくらなければなりません。そうしなければ、もし父母に何かあった時とか、子女に追及された時には言い訳ができないというのです。（二一―八七、一九六八・一一・三）

2 いい加減な生活をしてはいけない

個人の生活をこうしなければならないということを確実に究明しなければならず、また家庭の生活はこうしなければならないということも確実に究明しなければなりません。（二四―二八、一九六九・六・二二）

＊

過去には漠然と生きて生活してきましたが、これからは具体的に生きていかなければなりません。（二八―一七八、一九六七・六・四）

＊

神様のために、静かに自分にあるすべてのものを犠牲にする時には、神様が私を擁護します。神様は必ず私の味方になります。（八八―二三一、一九七六・九・二〇）

＊

皆さんの家庭は、愛の家庭にならなければなりません。そして皆さんは、愛を中心として公的な夫婦になり、父母にならなければなりません。自分たちを中心とした、私的な夫婦や父母になってはいけないのです。（一一一―二五七、一九八一・二・二二）

父母が天に行く道から脱線するまいと精誠の限りを尽くせば、子供は絶対に親不孝ができません。(二七―八八、一九六九・一一・二六)

＊

家庭を復帰しなければなりません。それ以上の伝道はありません。夫婦が早朝に起きて、子女の手を握り、涙を流して祈祷しなければなりません。そうして父親や母親が外出していていない時、子供たちが父母を待ちつつ慕いながら歌うことができなければなりません。(二一―八八、一九六八・一一・三)

＊

一人でいる時には、祈祷をするとすべてのことがうまくいきました。しかし家庭では、反対する人がいると、その十字架を背負って本然の基準にまで突き抜けていかなければなりません。個人は客車であり、家庭は機関車と同じなのです。個人が失敗したものを復帰するのは簡単です。しかし、家庭的に失敗すると破綻します。(二七―八六、一九六九・一一・二六)

＊

子供たちがよく、「お父さん大好き！　お母さん大好き！」と言います。そのよ

うに、お父さん、お母さんが好きだと誇れること、その場が子供たちの安息の場なのです。(三〇—二八二、一九七〇・四・四)

＊

家庭を中心として父親が「よいしょ」と言うと息子も「こらしょ」、息子が「よいしょ」と言うと父親も「こらしょ」と言える基盤が必要です。しかし子供がいるといっても、国がなければ何の意味があるでしょうか。国がなければ一番も何も、何の意味もないのです。(二九—七三、一九七〇・二・二四)

＊

祝福家庭は、すべての人々の希望の的です。しかし、付加された責任を果たせなければ失望の家庭になります。(二一—八七、一九六八・一一・三)

二　信仰生活で模範となる家庭

1 信仰生活が子女教育になる

聖日の礼拝時間の前に行って、準備する人が何人いるか考えてみてください。聖歌を全部歌って説教の時間になると、その時にぴったり合わせて入ってくるのです。そのような人たちをどうして「み旨に従っていく人たちだ」と言えるでしょうか。いくら弁解しても、公的な生活ができずに私的な生活をしているということなのです。そのような人たちには希望をかけ、期待する何の内容もないのです。ですから皆さんは、新しくみ旨の前に覚醒して、公的生活の徹底化、私的生活の模範化を決意していかなければなりません。(三一―二七一、一九七〇・六・四)

＊

祝福家庭は、残らず礼拝時間の前に来て、礼拝に参加する大勢の生命に恩恵の雰囲気をつくってあげて、恩恵を及ぼさなければなりません。そして牧会者が壇に立つ前に心情的な基盤をつくって支えてあげるようになると、説教をするにおいて食口《シック》たちの切実な表情を眺めて刺激を受けることができるのです。そのような要因が多ければ多いほど教会は発展します。(三一―二七一、一九七〇・六・四)

＊

公式的な記念日や集会があれば、それを生命視して動かなければなりません。そうでない家庭は、祝福家庭として落第です。(三一―二七六、一九七〇・六・四)

礼拝時間を迎えるために早朝から精誠を捧げ、その日を神様の前に捧げることを生活化するように、子女たちに教育しなければならないにもかかわらず、自分勝手に何でもしています。「み旨のための生活をする」と言いながらも、祈祷をするでもなく、精誠を捧げるでもなく、原理の勉強をするでもなく、伝道をするでもなく、何もしなくてよいのでしょうか。聖日の礼拝時間が十時三十分ならば、その時間に合わせて参加するためには、九時三十分とか十時には出発してこそ礼拝時間の前に到着できるのに、時間になってから家を出発して、礼拝中に入ってきてそっと座るというのです。そうなると必ず批判されます。いくら父母の立場で子女を教育した

としても、受け入れてもらえないのです。（三一―二六九、一九七〇・六・四）

＊

父母がみ旨のための生活の模範にならなければなりません。家庭で祈祷生活とか、家庭礼拝とか、どのような面でも一生懸命にする信仰生活を、子女たちに見せなければなりません。また、敬拝の時間がどんなに重要かということを認識させてあげなければなりません。その時間には敬拝式だけで終わるのではなく、み旨を中心として、父母として子女たちを教育しなければならないのです。（三一―二六九、一九七〇・六・四）

＊

祝福家庭は、天に侍る生活で手本にならなければならず、献金、敬拝式、伝道などを生活化しなければなりません。（三五―三二二、一九七〇・一〇・三〇）

＊

聖日は、一週間を節約して計画しておき、食口たちが喜べる内容を与える日です。また聖日には、共に集まって準備しておいた食事を分けて食べ、各家庭が互いに自分の夫や妻を自慢しなければなりません。（二一―八八、一九六八・一一・三）

＊

早朝敬拝、精誠、礼拝の時間を厳守できないのに、自分の息子や娘の幸福だけを願ってはいけません。したがって先生を中心として四位基台を成さなければなりません。それから、ここで子孫を立てるなら、父母がしっかりしなければならないのです。(二二―八七、一九六八・一一・三)

＊

祝福家庭は、聖日や公的な集会に参加する手本にならなければなりません。(二二―八七、一九六八・一一・三)

＊

食口《シック》は、どこに行ってもまず、聖なる所、すなわち聖地や教会を訪ねたりしますが、そうできなければ、そのような条件でも立てなければなりません。皆さん各自は、個人でありながらも、個人にのみとどまった存在ではないということを心に刻まなければならないのです。また皆さん各自は、先祖の立場に立たなければなりません。(一七―八六、一九六六・一一・二六)

＊

各家庭は、白い座布団を作りなさい。そして、きれいな場所を準備しなさい。その座布団に座って精誠を捧げる時間をもつようにしなさい。(一七―八七、一九六六・一

一・二六)

＊

寝ても覚めても、食べても、休んでも、見ても、何をしても、すべてみ旨を中心としてしなければなりません。(七三―六一、一九七四・七・二九)

＊

精誠を尽くして、皆さんの父母を伝道しなければなりません。一つのみ旨の前に共に天の祝福を受け、祝福家庭の囲いをつくるようになれば、それ以上の幸福はないのです。(一六―三二九、一九六六・七・三一)

2　祈祷生活は食事よりも重要

祈祷をしなければなりません。祈祷の時間を定める時は早朝にしてみて、朝もしてみて、昼にもしてみて、夕方にもしてみて、夜にも十時にしたり十二時にしたりしてみるのです。そのように長年の間祈祷生活をしてみて、何時から何時まで祈祷するのが自分に一番合う時間なのかを知らなければなりません。それを知って、自分に合う時間に精誠を捧げなさいというのです。

できれば恩恵基準の高い人を中心として共に祈祷しなさい。そうすると、その人によって恩恵を受けるのです。もし夫が自分より恩恵の基準が高く信仰生活も模範的ならば、その夫によって恩恵を受けるようになるのです。

そのように恩恵を受けるようになると、夫がこの世に二人といない美男子に見えるというのです。また夫が妻を通して恩恵を受けるようになると、その妻がこれ以上の美人はいないというくらいに美しく見えるというのです。この世の女性の中でも一番だというのです。本来、夫婦はそうでなければなりません。それで目を開けさえすればじっと見ていたいし、夜を明かしてもひそひそと話したくなるのです。それは滅びることではなく、栄えることです。（三一―二八八、一九七〇・六・四）

＊

御飯を食べる時間が一日にどのくらいになりますか。一時間半くらいにならないですか。一日に平均一時間半御飯を食べて生きるとすれば、霊的なことには御飯を食べる時間よりも多く投入しなければならないのです。それは、先生の今までの長年の間の信仰生活で分かったことです。（七〇―一七一、一九七四・二・九）

＊

祈祷をすれば必ず成されます。祈祷をすることによって力を受けます。祈祷をすることによって、これからこの問題がどうなっていくかという展望をみな教えられるのです。「このことはこうして、このことはこうするのだ」と教えられるのです。それを知ってこそ大きなことができるのです。祈祷によってのみ、その道を開拓することができるのです。祈祷が御飯を食べることより重要だということを知らなければなりません。（一〇四―一一一、一九七九・四・一五）

＊

私たちが行かなければならない道は、いずれにしても、かき分けて行かなければならない道です。それが私たちの力のみでは不可能なことを、生活するほど感じるようになります。ですから信仰者は、祈祷をしなければならないということを知らなければなりません。（七一―一七五、一九七四・五・五）

＊

祈祷しなさい。祈祷は心情の補給倉庫です。時間がなければ、していることを通してでも祈祷できなければなりません。（一七―八九、一九六九・一一・一六）

＊

洗濯をしながらも、道を歩きながらも祈祷しなければなりません。倉庫にどんどん積まなければならないのです。空けておいてはいけません。（一七―八七、一九六九・一一

一・二六）

*

常に祈祷する生活をしなければ、み旨の道を行くことができません。皆さんは生活化するに当たって、お金のことを考えるのではなく、み旨をまず考えなければなりません。（二七―八八、一九六九・一一・二六）

*

皆さんは神様を背景にすることのできる、神様の息子や娘になったのでしょうか。神様を背景にしたいのなら、常に神様が共にいらっしゃるように、皆さんが神様と共にある人になっていなければなりません。小犬のように母親の懐を離れて独りで歩き回っては、母親の保護を受けられないのです。（一〇〇―一〇四、一九七八・一〇・八）

3 祝福家庭は族長

一九六八年度に四百三十家庭を祝福した時、先生が指示したとおり、氏族的メシヤになりなさいというのです。その使命を果たさなければなりません。先生を中心として協会に三十六家庭が組織されているように、金《キム》家ならば金家で、先に祝福を受けた家庭を中心として金家の三十六家庭型がなければなりません。三十六家庭にならなければ十二家庭型の先祖でもつくらなければなりません。そうして皆さんが、皆さんの氏族の先祖になって新しい支派編成をしなければならないでしょう。それが十二支派型なのですが、それを形成したなら、その十二支派圏内にすべて入るのです。これが直系の氏族です。（三一—二七六、一九七〇・六・四）

＊

現在の祝福家庭は、伝統の先祖なので重要です。氏族の前にメシヤ的家庭になってこそ伝統が立てられるのです。（二一—八七、一九六八・一一・三）

＊

これからは、祝福家庭を中心として氏族が成されていきます。そうすることによって皆さんは、氏族的メシヤとしての使命を果たさなければなりません。これからの教会は、族長を中心として成されます。祝福を受けた人たちは、すべて族長たちです。（二三—六二、一九六九・五・一一）

＊

新しい家庭と氏族の基盤をつくったので、氏族復帰という歴史的な驚くべき恵沢圏内に入ったのです。それで皆さんには父親、母親を伝道することができ、お兄さんやお姉さんを伝道できる時が到来したのです。

復帰歴史は家庭を探し立てるためのものですが、他の家庭を復帰するよりも自分の血肉を通して復帰したらどんなに早いでしょうか。皆さんが、「父母や兄弟を伝道しなさい」という話を聞くことができるのは、先生一代においては夢のような話です。（六七―一五三、一九七三・七・一）

＊

皆さんはその基盤の上で、皆さんの代に氏族的な基盤をもつことができるというのです。ですから、どんなに栄光でしょうか。これを知って感謝しなければならないにもかかわらず、その責任に耐えることができなければ、その家庭が責任追及を受けなくて済むのかというのです。このような立場で責任も責任ですが、これからはその家庭が氏族的メシヤの使命を果たさなければなりません。（三一一―一八〇、一九七〇・六・四）

＊

地獄という所は、一度はまれば抜け出すことのできない所です。それでも皆さんは、自分の母親や父親、そして親戚が地獄に行くというのを実感することができません。何とかなるだろうと思っているだけです。

しかし、愛する父母が本当に地獄に行くと思ってください。この世の監獄に入るといっても、泣きわめいて、できるならばどんなことをしてでも引っ張り出そうとするのが人情なのに、ましてや天情で結ばれた息子や娘、自分の父母と親戚、兄弟と姉妹、すべてが永遠に出られない監獄に行くと知ったなら、そうするでしょうか。（三四―二六六、一九七〇・九・一三）

＊

祝福家庭の男性はイエス様の実体の立場であり、女性は聖霊の実体の立場です。すなわち、イエス様と聖霊がイスラエル民族を救おうとしたのと同じように、生きてこの民族を救おうと躊躇《ちゅうちょ》せずに進んでいく立場が正に祝福家庭の立場です。ですから祝福家庭は、氏族的メシヤとして出発することができるのです。（二一―一八四、一九六八・一二・一）

＊

皆さんは、家庭を率いてイスラエルの地を訪ねていかなければなりません。皆さんには、そのような責任があります。イスラエルの十二支派が、自分に分配された地を訪ねていかなければならなかったように、皆さんはこれから、家庭を導いて氏族的な基盤の相続地を訪ねていかなければなりません。（三五―二〇二、一九七〇・一〇・三〇）

皆さんを氏族的メシヤとして送ったのは、どうしてでしょうか。昔はイエス様が霊界からこの地上に縦的な過程を通して送りましたが、今日、文《ムン》総裁は天を代表した神様の立場で、氏族を代表することのできるメシヤ型の数万の家庭を世界に派遣したのです。これからは滅びません。一九八九年一月三日午後二時三十分に氏族的メシヤを宣布したのです。（一八五—二三八、一九八九・一・八）

＊

氏族的メシヤは一代において、氏族を中心として歴史的な故郷を案内する先鋒者《せんぽうしゃ》だということを知らなければなりません。モーセのような出エジプトの先鋒者であることを知らなければなりません。盲目的ではないのです。モーセは何も知らずにしましたが、私は具体的にすべて知っているというのです。理論的にみな知っているのです。故郷を訪ねていかなければなりません。しかし、カインを探し立てなければ故郷に入ることはできません。（一〇二—二六四、一九七九・一・一四）

＊

なぜ氏族的メシヤとして責任分担を果たさなければならないのでしょうか。一番目の理由は、皆さんの父母を救わなければならないからです。父母は第一のアダムの立場であり、皆さんは第二のアダムの立場にあります。父母を復帰して、再創造してアダムの使命を完遂しなければなりません。二番目の理由は、皆さんには故郷が必要だからです。氏族的メシヤの使命を果たすことによって自分の故郷がもてるようになるのです。結局、氏族的なメシヤの責任分担を果たさなければならない理由は、アダム家庭の完成のためなのです。具体的には氏族を教育しなければならないのです。（二四四―二二一、一九九三・二・七）

＊

個人が安息しようとするならば家庭がなければならないので、今まで統一教会は家庭を探し立てるために闘ってきたのです。また家庭が安息しようとすれば、氏族圏がなければなりません。氏族が囲いとなって、吹きまくる風とそれ以外のすべてのものを、責任をもって防ぐことができる、そのような舞台をつくらなければ平安な家庭で生存できないのです。

そうしようとするならば、親戚を中心として族長になるのです。族長になれば、戦いが起こっても親戚が一線に立って闘うので、族長は作戦を指示しながら休むことができるのです。それで皆さんに先生は、「氏族的メシヤの使命を果たしなさい」と言ったのです。その次には、国家的メシヤの使命を果たしなさい。これから世界

に行って伝道をするときには、国家的メシヤの使命をするようになるのです。（五六―三二一、一九七二・五・一八）

＊

皆さんは、金《キム》家であれば金家のメシヤと同じ使命を果たさなければなりません。金家であれば金家、朴《パク》家であれば朴家において、天の国を創建するために、この氏族を代表しては「私がメシヤだ」と思いなさい。救世主だと思えというのです。金家を救う救世主だと思わなければなりません。そのためには、金家全体に代わって祭司長的な責任を果たさなければなりません。（一五五―二六五、一九六五・一〇・三一）

＊

さて、最後に残された終着地とは何でしょうか。解決方法とは何なのかというのです。すべての壁を壊して処置をすることですが、このような恵沢を受けるためには、どうしなければならないのでしょうか。氏族的メシヤになりなさいというのです。氏族的メシヤ。これさえ終われば、個人的讒訴《ざんそ》条件、家庭的讒訴条件、氏族的讒訴条件、民族的讒訴条件、国家的、世界的讒訴条件を提示するものは何もなくなるというのです。（一八九―六九、一九八九・三・一九）

三　真の愛で「ため」に生きる生活

1　なぜ「ため」に生きなければならないのか

宇宙を造られた神様、法度を立てた神様はどのような方でしょうか。宇宙を通して誰よりも「ため」に生きる代表的な立場に立った方です。その方が神様だというのです。ですからその方に会うためには、「ため」に生きなければなりません。その方は知識の大王ですが、「知識をもってこい」とはおしゃいません。能力の大王ですが、「能力をもってこい」とはおっしゃいません。権力、お金、物質に関する主人であり、大王ですが、「それをもってこい」とはおっしゃいません。「ため」に生きてくると、みな神様のそばに来ることができるというのです。（一三三―一六、一九八四・七・一）

＊

再創造において他人に与え、また与えるのは、神様が創造時に自分を消耗させた立場と一致します。自分を投入するということは第二の自分をつくるためで、神様が創造する時、御自身を投入されたのと同じです。再創造歴史は蕩減《とうげん》復帰路程であり、蕩減は再創造歴史を通して成されるので、自分を投入することによってのみ再創造が成されるのです。ですから、犠牲になるのは不可避なこと、これは理論的な結論です。(八二―二四〇、一九七六・一・三一)

＊

神様は独裁者ではありません。神様も人間のために投入されました。神様が人間の前にいらっしゃるのは、人間のためにいらっしゃるのです。ですから千年、万年、神様に従っていこうとするのです。「ため」に生きる天理の宇宙存在世界の前に自分自身の存在位置を維持するためには、「ため」に存在しなければなりません。「ため」に生きることによってのみ、洋の東西に通じることができ、古今に通じることができます。(一八七―八九、一九八九・一・六)

＊

自分を主として動くのは悪をもたらしますが、全体を主として動くのは発展をもたらします。これを知らなければなりません。全体のために行くものに対しては、すべてのものが門を開けるというのです。個人も門を開け、家庭も門を開け、氏族も門を開け、民族も門を開け、世界も門を開け、天の国も門を開け、すべてのものが門を開けて歓迎するのです。

真《まこと》の人生が行く道に、一つの公理として立てなければならないのは「ために生きる」ということです。これはどこでも通じる原則であり、永久不変です。過去、現在、未来がないので、「ため」に生きなさいというのです。

ここに孔子様やイエス様やお釈迦《しゃか》様やムハンマド（マホメット）、すべての聖人といわれる人たちの前に神様が現れて、「あなた方はどう思うか」と言われると、「そのとおりです」と言うでしょうか、「そうではありません」と言うでしょうか。それが宇宙の法則です。それが、人間が生きるに当たって、真の姿で生きるための一つの方法だということを知らなければなりません。（一三三―一六、一九八四・七・一）

＊

歴史的な伝統として残る実績とは何でしょうか。犠牲精神による、「ため」に生きた実績のみが今日の世界に残ってきました。そういう人たちが聖人として、歴史的な偉人として、または忠臣として残ってきました。そのような犠牲精神のもとでのみ、功績が残ったのです。ですから、犠牲になることは功績を残すためのものだ、

ということを知らなければなりません。（八二―二三九、一九七六・一・三一）

＊

神様の愛とは、神様自身を愛し、人類を愛するものです。それだけでなく、来ては去っていった過去、そして現在、未来の人類すべてを愛する愛です。ですから地獄に行った霊人たちまでも解放してあげる運動をする神様である、ということを知らなければなりません。人は真理の道を行かなければならず、命の道を行かなければならず、愛の道を行かなければなりません。いくら素晴らしくても、「ため」に生きる基盤がなければ、すべてのものはついてこないのです。このように生きる人は、自然と主体になります。真の生命の人になるのです。（一三三―二〇、一九八四・七・一）

＊

レバレンド・ムーンの思想が今後、二十一世紀の主体思想として登場できるのは、今までの「自分のために生きろ」という世界で、反対に「ために生きよう」という世界を発見したからです。論理的な観点において、今までと反対の世界が顕現できる可能性のある、不可避な結論です。ですから希望は、統一教会にしかありません。自分のために生きるという世界ではなく、「ために生きよう」とするこの群れのあとを、二十一世紀以降の数千、数万年の世界がついていくのです。「私のために生

きろ」という世界にはついていきません。嫌だというのです。（一六九—八八、一九八七・一〇・二五）

＊

どのように統一されるのでしょうか。先生は、どのように統一するのでしょうか。こぶしで、力で、お金で、権力で、知識で？　違います。愛を中心とした、「ために生きる」立場で万事は解決されるのです。結論は簡単でしょう。真《まこと》の愛を中心として、「ため」に生きていくときに、悪魔の世界が天の国として再創造されていくという結論です。それは理論的なのです。（一八二—一三四、一九八八・一〇・一六）

2　「ため」に生きる者が中心である

私たち統一教会は、よく食べ、楽しく生きながら行こうというのですか。食べる物もなく、苦労しながら行こうというのですか。よく食べて、楽しく生きようというのでしょうか。食べる物もなく、苦労しながら行こうというのでしょうか。誰のためにでしょうか。統一教会の文《ムン》先生のためにですか。神様のためにです。神様の心をとりこにする方法は、それしかありません。（四二—五二、一九七一・二・一九）

私がその人を屈服させる方法は、闘って勝とうとするのではなく、その人のために父母の立場でまず考えてあげることです。そうすることによって私が勝つというのです。三年だけ「ため」に生きれば、間違いなく私の言葉をよく聞くようになるのです。心はそうです。心は。自分の居間のドアまで開けて、「あなたは勝手に私の家に入ってきてもいい」と言うのです。そのような宇宙の原則的な作用が、この本心を動かしていることを知らなければなりません。（一〇三―一三九、一九七九・二・一八）

＊

神様の立場と父母の立場は、どんな立場でしょうか。先に考えてあげる立場です。神様は、私よりも先に考えてくださるのです。父母は、私より先に考えてくださるのです。それで良いというのです。それで主体なのです。二人で住むという時に、「ああ、あの食口《シック》がしなければならないことを、私がしてあげなければならない」と言わなければならないのです。神様とは、そのようなお方です。その人が中心です。「ため」に生きる人が中心になるのです。（一〇三―一三九、一九七九・二・一八）

＊

相手が小さなもので私を愛し、「ため」に生きてくれたなら、私はそれ以上のものを返してあげたいのです。これは、だんだんと拡大していくのです。拡大、拡大しながら日時が過ぎて、一生の間そうしていくと、これが国を越えて、世界を越えて、永遠の世界、天国を越え、天上世界を越えていくのです。（一一九－三一六、一九八二・九・二六）

＊

人は、どうして高いものが好きなのでしょうか。多様なものと因縁を結ぶことができるので高いところが好きなのです。なぜ低いものが嫌いなのでしょうか。単純になるからです。多様な関係から遠くなるというのです。人において最も貴い人は、高い理想、高い観、高いものと関係を結ぼうとする人です。そのような人が貴い人だという概念を、ここで見つけることができます。（一二九－三〇八、一九八三・一二・一）

＊

より「ため」に生きなければなりません。より「ため」に生きるとはどういうことでしょうか。より「ため」に生きる人が責任者になるのです。十人の中で誰が中心になるのかというと、その十人のために愛し、そのために生きる人です。その人には十人がみな訪ねていくというのです。「ため」に生きることはつまらないことだと思っていたのでしょう？

しかし主人になり、中心者になるということを知らなければなりません。天理がそうです。「ため」に生きることはつまらないことだと思ったのに、これが中心になるためのものであり、責任者になるためのものであり、すべてのことを相続するための道だというのです。ですから「ため」に生きようとすることを知らなければなりません。つまらないことではありません。損することではありません。商売の中でも、このような商売はありません。（一三二―二七六、一九八四・六・二〇）

四　父母が立てるべき愛の法度

1　父母は友達よりも近く

父母は子供のためにいます。もし父母のために父母がいるとすれば、「父母」という言葉は出てきません。これから統一教会の「原理」を中心として倫理観が形成されなければなりません。父母はどうあるべきですか。子供を生んだ父母は、子供のためにいなければなりません。それが倫理の第一条です。それは説明する必要がありません。息子のためにいようとするのは不幸な立場ではなく、幸福な立場です。

（六二―二二四、一九七二・九・二五）

＊

自分の子供に間違ったことを教える父母はいません。師匠は弟子に間違えるように教えることもあります。怨讐《おんしゅう》の立場にいる師匠ならば滅びるように教えることもあるのです。師匠には二つの種類があるのです。兄弟も二つの種類があるのです。しかし、父母はただ一つです。いくら悪い父母だとしても、子供には正しく教えてあげるのです。（二八―八五、一九七〇・一・四）

＊

皆さん自身は、誰のものですか。父母のものであり、息子のものです。そうなると、父母は誰のものですか。父母は、子女のものであると同時に神様のものです。ですから皆さんは、まず神様のものになって、子女のものになったのちに、自分のものになるのです。そのようになる時に初めて完成されるのです。

ですから父母を敬うその法度が地上に残り、人間の生活に残っているのです。ここで、父母を敬い子供を愛しなさいという言葉が出てくるのです。父母がいなければ孤児です。父母の愛を受け、子供を愛してみましたか。そうしてこそ「私」という人が、四方を区別するすべが分かるようになるし、上も下も区別するすべが分かるようになるのです。(一八―二〇九、一九六七・六・八)

＊

子女たちが、「天下に私たちの父母のような人はいない」と言えなければなりません。

世界の人たちが韓国に、模範家庭を探して訪問するでしょう。その時に見せるものがあり、語る言葉がなければなりません。(二一―八七、一九六八・一一・三)

＊

父親は友達の中の友達にならなければなりません。自分の父親が現れたら、友達を捨てて父親に走っていかなければなりません。そして師匠の中の師匠にならなければなりません。ですから、できれば「私の父は大統領よりも良い、一番だ、神様の次だ」、このように考えなければなりません。「どんな友達とも換えることのできない友達だ。どんな師匠を与えられても換えることのできない父親だ。私が愛する妻を捨てたとしても父親は捨てられない」と、このようにならなければなりません。(五七―一八二、一九七二・六・四)

＊

先生は外出して家に帰れば、必ず寝ている子供の顔をなであげます。親の役目を果たすのは簡単なことではありません。そのようにすることによって、「うちのお父さんが私を愛してくれたように、私も息子、娘を愛さなければならない」ということを自動的に植えつけるようになるのです。また「お父さんは世界一だ」ということを分からせなければなりません。(九七―三二〇、一九七八・三・二六)

＊

人は誰でも、立派な息子をもちたいと思います。それでは、立派な人として育てるためにはどのように教育したら良いのか、それが分からないのです。教育は、一生涯しなければなりません。精誠を尽くさなければなりません。父母が精誠を尽くして育てた子供に家を引き継がせる時、その代身者として立てる時は、父母の心と一致するようにさせるのです。その父母の因縁についていくようにさせながら代身者として立てるのが常例です。(二四―二五七、一九六九・八・二四)

＊

父母は、愛する子供のために骨の髄まで溶けるような苦労をしても、つらいと思わないのです。なぜでしょうか。愛しているからです。自分の血肉を分けて、その代金がいくらなのかを帳簿につけておくでしょうか。つけないでしょう。かえって、全部あげることができなくて残念に思うのです。(三九―三三四、一九七一・一・一六)

＊

子供に対する父母の愛は、ただそのまま生活的な因縁だけで通じる愛ではなくて、骨の髄からわき出てくる愛なのです。忘れるに忘れられず、切るに切れない愛の心を父母はもっているのです。

＊

それで、生命の余力が残っている限り、父母は子供を愛するのです。子供と生命の因縁が結ばれていることを感じる時、父母には子供を愛する心が自然的にわき出るのです。私の息子なので愛するという意識的な心が先に立って愛するのではなく、その心よりも、因縁よりも、先立つ自分の生命力が、子供と連結されているので愛さずにはいられないというのです。このような事実は、私たちが家庭生活でよく感じていることです。(三二―一五、一九七〇・六・一四)

＊

家庭で起こる是々非々は、男性が責任を取らなければなりません。男性は、家庭の中心的権威を守らなければなりません。(二一―八七、一九六八・一一・三)

2 伝統を相続させてくれる父母

先生が心配するのは、どうやって統一教会の名前を後世に残すかということではなく、どうやって先生の伝統を相続した人を後世に残すかということです。ですから今まで、伝統を重要視しなさいと教育をしてきたのです。（三五－一一五、一九七〇・一〇・四）

＊

未来に対して、どのように生きることが豊かに生きるということになるのでしょうか。私が豊かに生きるのが問題ではありません。子孫を教育しなければなりません。子孫に残してあげなければなりません。

今まで統一教会を指導してきた私自身もそうですが、皆さんもかわいそうな道を歩んできました。避難民として歩みながら、立場を確立することができませんでした。荒野路程を歩んできました。

これから私たちは、定着しなければならないし、定着しようとするなら闘って勝たなければなりません。カナン七族を滅ぼしたように、闘って勝たなければ定着は

できません。この民族を中心とした闘いで勝たなければなりません。（七七―二五一、一九七五・四・一三）

＊

子女たちを教育する時に、「お前たちはお父さんやお母さんのようになりなさい」と教育することができなければなりません。皆さんが伝道期間中に食べられず、豊かでなかったとしても、ぼろをまとっていたとしても、恥ずかしいことではありません。後代が千万金を払っても買うことのできない教育資料になるのです。（八三―二五九、一九七六・二・八）

＊

苦労は素晴らしいことです。それで私たちは、千秋万代の子孫が誇れる伝統を立てておかなければなりません。（一四―九二、一九六四・六・一二）

＊

祝福家庭の娘、息子たちが、三代がどのように先生と共に生きられるかが大きな問題です。三代がみな功臣になると、天下にもないあの天上世界の功臣になるということを考えてみましたか。ですから自分の息子、娘を抱いて今から教育して、そのような思想を植えつけるために精誠を捧げなければなりません。（五一―二六九、一九

七一・一一・二八）

＊

伝統を残さなければならず、その次には善良で立派な子孫を残さなければなりません。度量の狭い男の子孫ではなく、強くて雄々しい立派な子孫を残さなければなりません。そうなるとその国は、滅びる運勢圏にあるといっても滅びないのです。滅びる立場から新しい恩人が現れるのであり、追い出される立場から新しい勝利の旗を掲げるという事実を知らなければなりません。残さなければならないその伝統が大韓民国のみでなく、万民が喜ぶことのできる伝統にならなければならず、善良な子孫も残さなければならないというのです。これができなくなる時、天の前にもっていくべき礼物（贈り物）がなくなるのです。（九九―三二九、一九七八・一〇・一）

＊

父母は死んでも、天道は残していかなければなりません。その家庭は何のためにあるのでしょうか。自分の子供のためにあるとしても、まず神様のためになり、国のためにならなければなりません。これは、結局は自分の子女のための道です。そうしてこそ子女たちが、神様の運と世界の運と共にあり、国の運と共にあることができるからです。そうして、祝福を受けて生まれた貴い子女たちが苦労をしても、その子女たちに拍子を合わせるのではなく、神様と世界と国の運勢に拍子を合わせなければなりません。（三一一八七、一九六八・一一・三）

＊

皆さんは一代のために生きる家庭にならずに、世界と永遠のために生きる家庭にならなければなりません。また愛の基盤を広げて万民の心情を集め、ろうそくに火をともし、香をたいて、祈りを捧げ、天と地、万民と共同の因縁を結んで、生きて死ぬという家庭にならなければなりません。そのような家庭になるならば、どのような艱難《かんなん》にぶつかったとしても、神様がその家庭を保護してくださるのです。天が本家の長男として残してくださるというのです。（一〇〇一三〇六、一九七八・一〇・二三）

五　夫婦が守るべき礼節

1 夫婦は生活の同伴者

一度結婚したのちには、自分勝手に暮らすことはできません。結婚して家庭をもった運命の道は、命を懸けて行かなければならないのです。(一二〇―一二五、一九八二・一〇・一七)

＊

愛が成される瞬間から、皆さんは、二人ではなくて一人なのです。夫婦になると独自的な行動ができず、連帯責任をもたなければなりません。(二五三―二一一、一九九四・一・二三)

＊

個人が滅びるのはよいとしても、家庭が滅びてはいけません。夫においては妻になる人が、妻においては夫になる人が世界で最も必要な人です。互いにアドバイスをしながら杖《つえ》になり、同役者にならなければなりません。（二七―八七、一九六九・一一・二六）

＊

妻は、職場から帰ってくる夫に対して、夕御飯を準備してあげることによって、「夫に対する義務を果たした」と思ってはいけません。夕飯の食卓に座って愛の蜜語を分かち合い、和気あいあいとした時間をもつことが、何よりも重要なことです。初めて会った時、優しくささやいたその声で、愛の姿そのままで、一日の労苦を慰労してあげると、夫の疲労は洗われるように消えるのであり、愛もまた深まるのです。（祝福家庭と理想天国Ⅰ―九〇五）

＊

女性は本来、男性の平均の声よりも小さな声で話さなければなりません。女性のその声は、愛のささやきのようでなければなりません。（祝福家庭と理想天国Ⅰ―八九九）

＊

先生が七十歳に近づいた体で、「海に出ていく」とお母様に話すと、お母様は海に行くすべての準備と精誠を尽くしてくれます。海に出て一晩泊まる準備までしてくれて、海で成そうとするみ旨のためにお祈りまでしてくれます。これは、どんなに素晴らしく美しい内助者の姿でしょうか。（祝福家庭と理想天国Ⅰ―九〇五）

＊

夫が帰ってきて夕御飯も食べず、話もしないで、いびきをかいて寝てしまうなら、そのいびきを聞きながらそれ以上の泣き声が自分の心からわき上がる女性にならなければなりません。先生は、そのような家庭が見たいのです。もしそれが見られなければ、先生の苦労は無駄になってしまいます。

神様の六千年の犠牲は、無駄になってしまうのです。皆さんは、それを知らなければなりません。（三五―一九二、一九七〇・一〇・一三）

＊

夫が巡回に行くというとき、「行ってらっしゃい。私は疲れているので寝ます」と言ってはいけません。夫が巡回して帰るまで、妻も精誠を捧げなければなりません。子供もその父母が帰ってくるまで待たなければなりません。（三〇―八二、一九七〇・三・一七）

＊

妻は夫を出世させなければなりません。内助をしっかりしなければなりません。

（二一―七九、一九六八・一〇・二〇）

＊

夫婦の間で、夫が「することに干渉するな」と言ったからと、妻が干渉しなくて良いのでしょうか。妻も、夫と対等の立場に立つことができるのです。夫がいない時は妻でも、その立場に立つことができなければなりません。（三一―一二〇、一九七〇・五・三一）

＊

夫ができたらさぞ良いだろうと思ったのに、良くない時もあるというのです。良いことのみを願ってはいけないのです。二十四時間ずっと太陽の光がさせば良いでしょうか。夜も、なくてはなりません。高ければ、低くなるのが原則ではないですか。（三〇―一四三、一九七〇・三・二一）

＊

妻は、貧乏だと悲しまず、着る物も着られなかったと寂しく思ってはいけません。夫がそれを知らないのではありません。心の中では申し訳ないと思うところに深い愛があり、ダイヤモンドよりも貴い宝が隠されているのです。（一四一―一二六、一九八六・二・一六）

＊

夫が横になって寝ていると、なぜこのように寝てばかりいるのかといって起こせる妻になるように、アドバイスしたいものです。（二二一―八九、一九六二・一一・一二）

＊

少しでも慰労すると、女性はすぐに怒りが解けます。（二〇三―一五五、一九九〇・六・二四）

＊

夫婦が互いに、「私を愛してくれない。私を分かってくれない」という、つまらないけんかをしてはいけません。けんかをしても、み旨のためにしなければなりません。（二一―八七、一九六八・一一・三）

＊

妻の誕生日には、近所のおばさんたちを集めて、妻をこの上なく愛しているという心で妻のために、その人たちの前で踊りを踊り、歌を歌わなければなりません。（二一七―九五、一九八三・五・五）

＊

妻や同じ家に住んでいる人の足音を聞いただけでも、その人に良いことがあったのか、悪いことがあったのか分かるのです。そして妻が部屋に力なく入ってきたなら、「あなたはどうして気分が良くないのか」と聞くのです。

そうすると妻は、見てもいなかったのにもう夫は全部知っているので、何も言えないのです。そのようなアンテナをもって暮らさなければなりません。関心をもって祈祷するようになると、分かるようになります。（四二―一七四、一九七一・三・四）

＊

愛の深い夫は、その家の中で悪口を言ったとしても、全部愛の刺激にすることができます。愛のない夫の一言は、その一言が肉をえぐるような破壊の動機になるのです。愛があればむちを打ってもよいけれど、愛のないところではすべてが嫌なのです。（八三―一七七、一九七六・二・八）

2 夫婦は信仰の同役者

皆さんは農村に行って仕事をする時にも、一人で行って仕事をするようにはなっていません。夫妻が共に、その日の仕事を神様の前に報告して、行って仕事を始め、終えて帰ったときも、神様の前に報告をしてから御飯を食べるようになっています。

そのようなことをすべて規範化させる、神様を標準とした生活が、どんなに厳格かということを知らなければなりません。女性にも女性として守らなければならない家庭生活の規範があり、男性にも男性として守らなければならない家庭生活の規範があるのです。

このような膨大で天的な規範を体系化して生活するのが、皆さんが行かなければならない路程であるにもかかわらず、その路程を行けなければ、とんでもないことです。（三一―二七六、一九七〇・六・四）

＊

歩くのも、男性は右足をまず踏み出し、女性は左足を最初に踏み出さなければならないのです。どこかに行って座るにも、男性は東側に座り、女性は西側に座るのが原則です。御飯を準備する時、服を掛ける時など、すべてのことには方式があるのです。（二六―二四一、一九六九・一一・四）

＊

男性は女性を上から見下ろし、女性は男性を下からだんだんと見上げなければなりません。女性は水の流れてくる方を見るのではなくて、流れていく方を見なければなりません。水の流れてくる方を見上げる女性は、しりの軽いタイプです。

本来、男性が座る所は、女性が準備してあげなければなりません。たんすを使う時も、男性が右側なら女性は左のものを使わなければならず、男性が上ならば女性は下を使わなければなりません。例を挙げると、男性の上着の上に、女性のスカートや下着を置いてはいけません。男性の服の上に、女性の服を載せてはいけません。

（祝福家庭と理想天国Ⅰ―九六八）

＊

責任者の夫人は、夫が玄関を出る時、絶対に夫の悪いところを指摘してはなりません。妻が指摘をすることによって夫一人の心を暗くした波動は、世界を暗くするのです。悪いところを指摘する時は、夜にしなさい。そうすると、すべての問題が夜の間に解決されるのです。男性は朝、戦いに行くのです。そういう夫のために、妻は朝早く起きてサービスをたっぷりしなければなりません。（二七―八八、一九六九・一一・二六）

＊

夫に殴られても感謝の祈祷をしなければなりません。「夫として妻を一度も殴ることができなくて良いでしょうか。ありがとうございます」と。（二七―八八、一九六九・一一・二六）

＊

夫婦間の一人が傾けば、心情と精誠で補充しなければなりません。（二二―八七、一九六八・一二・三）

＊

パウダーをたたき、香水をかけても、女性はいつも美しくなければなりません。女性は情緒生活において借りをつくってはいけません。

また夫の体や衣服などについて、いつも関心をもたなければなりません。夫が家に帰ってきた時、疲れているようだったら洗顔のための水も持ってきてあげて、歯を磨く準備もしてあげて、足も洗ってあげ、髪もとかしてあげなさい。

女性の笑いは、家の中の花です。円満な家庭を成そうとするなら、女性は喜劇、悲劇の一等女優にならなければなりません。夫が喜んでいるときも完全に溶かし、悲しいときも完全に溶かさなければなりません。（二七―八八、一九六九・一二・二六）

＊

服は、少なくとも三日に一度は着替えなければなりません。髪も、そのようにしょっちゅう洗わなければなりません。そして、いつもほほえんでいなさい。ほほえみは心の花です。いつも花を咲かせて香りを漂わせなさい。ヘアスタイルや化粧で相手をテストすることを知らなければなりません。自分の顔や姿で、相手の心を喜ばせてあげられなければ、趣味でそれに代えなければなりません。音楽とか、すべての芸術を総動員してみなさい。雑誌などを見て女性の生理について説明してもよいし、文学書籍を読んでからそれを説明してあげてもよいのです。夫が幼子のように、スカートのすそに包まれて暮らせるようにしてあげなさい。(二七—八八、一九六九・一一・二六)

＊

夫婦は、せっかく会ったのだから、両腕をつかんで死んでも生きても、共に行かなければなりません。いずれ行くのなら、格好良く行きましょう。(二七—八九、一九六九・一一・二六)

＊

結婚したのちには、皆さんは勝手に行動できません。結婚後、どこに行かなければならないのでしょうか。神様の愛を受け持たなければなりません。人間が男性、女性として生まれたのは愛のゆえにです。

愛は、夫婦になって、一つになることによって結実を結べます。皆さんは、神様の愛が二性性相によって分立された実体であり、分立された実体が合性一体化されるために、神様の愛を求めていかなければなりません。(一四四—一三二、一九八六・四・一

二）

＊

祝福家庭は、赤ん坊を抱いて愛するすべを知るならば、その娘、息子が何ゆえに生まれたのかを心に刻まなければなりません。神様のゆえに生まれたということを知らなければなりません。神様という因縁を通して生まれました。

夫が貴く妻が貴くて秘密に何か話すとしても、その相手が自分同士で決めて出会った相手ではありません。公的な天道を前において出会った人です。神様が介在して出会った人です。そのような自分たちが悲惨になれば悲惨になるほど神様が悲惨になるということを、私たちは知らなければなりません。（六七―二九一、一九七三・七・二二）

＊

家庭的な基盤を築くために、夫に妻が合わせてあげれば福を受けるし、妻に夫が心を合わせてあげれば福を受けるのであり、子女たちが一つになれば福を受けるのです。今は、家庭救援時代なのです。（一二―二六一、一九六三・五・二二）

＊

女性は、天道に従って順応して、女性として行かなければならない道を行かなければなりません。夫が一緒に死のうといえば、死ねなければなりません。死んでも、あの世に行って一緒に生きれば良いのです。夫の命令を絶対視し、夫の命令に従順に従ったのちには解放される道があるというのです。

人倫の世界の道徳観において悪の堕落圏内にいるとしても、三綱五倫を中心として順応する人たち、絶対従順であるという基準を立てた人たちには、もう一度解放される道が依然として残されているのです。（二六―二六五、一九六九・一一・九）

六　子女を信仰的に育てる

1　懐に抱いて天法を教えなければ

皆さんは、皆さんの息子、娘に何を語るつもりですか。皆さんは公的な人生、それも模範的な公的な人生を生きることによって、皆さんの息子、娘に見せてあげ、その伝統を受け継ぐことができるように教育しなければなりません。

人は本来、自分の父母に教育されるようになっています。学校に行ってのみ教育を受けるのではありません。特に伝統を受け継ぐ教育は、学校では学ぶことができません。（二二一―二五六、一九八一・二・二二）

＊

子供は、すべての価値を父母を通して見いだします。家庭で育っている子女は、誰に似たのでしょうか。父母に似ました。その子女たちは誰についていくのでしょうか。父母についていくのです。このようになっているのです。（二四―一三三、一九六九・七・二〇）

＊

家法を準備しなければなりません。子供たちの教育基準など、家庭の規範をつくらなければなりません。しっかり育てられなければ、子供から追及を受けても何も言えません。（二一―八七、一九六八・一一・三）

＊

子女を教育するためには、父母がまず実践しなければなりません。父母が見本になり、み旨の前に忠誠を尽くさなければなりません。そうして父母が何を言っても、子女たちが一言半句も口答えせずに敬意を表せる立場に立たなければなりません。

そうでなければ子女たちがついていかないというのです。

子女たちが、自分が知っているみ旨と「原理」を中心として見る時、教会生活においていて父母が本部から指示している原則を等閑視してその指示に従う生活をしていないのに、子女たちだけに「原理原則どおりの生活をしろ」と言えば、鼻で笑うというのです。（三一―二六八、一九七〇・六・四）

＊

父母はどんなことをしても息子、娘が統一教会の正道を行くようにしなければなりません。それから自分自身も正道を行かなければなりません。自分がまず行ってから子供に教えなければならないのです。子供を教育するために、自分がまずそのようにしなければなりません。その次に子供を教育しなければならないのであって、自分はせずに教育しようとするのは天道に外れるのです。

先生が皆さんに話すすべてのことは、先生がまず実践して勝利の基盤を築いたあとで教えているのです。信じられないなら祈祷してみてください。うそなのか、事実なのか、祈祷してみなさいというのです。（二三―三二二、一九六九・六・八）

＊

祈祷をする時にも、「私がこのようにするので私の子供もこうするようにしてほしい」と祈祷しなければなりません。自分がまず標準になったのちにこそ、子供をそのような位置に立てることができます。

自分がまずそのような位置に立つと、神様は、その子供も同じ方向に導いていくのです。ですから私たちが、私たちを中心としてその方向をもとがえすことができなければ、霊界に行って責任追及を受けるようになるのです。（一三一—一〇三、一九七一・一・八）

＊

子女たちを教育する時、「お前たちもお母さん、お父さんのようにならなければならない」と教育できなければなりません。（三八—一九二、一九七一・一・八）

＊

子供は父母の心情を学ぶのです。（三〇—八七、一九七〇・三・一七）

＊

自分の子供を教える時は「立派な人になれ」と言うだけでなく、「立派な人になるためには、このような道を経て何かになれ！」と言わなければなりません。

父親は父親としての責任を果たし、兄は兄としての責任を果たさなければなりません。姉は姉としての責任を果たさなければなりません。

別の言葉で言えば、真《まこと》の男性、真の女性の道を行く因縁を選んでいく方法を知り、法度から外れない皆さんになってこそ順理的な路程を経て、一つの国の民になれる道が生じるのではありませんか。（六八―三三一、一九七三・八・五）

＊

「お父さん」という言葉は、怖い言葉です。「真」でなければ子供に食べさせてあげることができません。子供に血の功績と善なるものを食べさせなければなりません。間違ったものを食べようとする時は、涙を流しながら指導してあげなければならないし、福を祈ってあげなければならないのが父母です。ゆえに父母は、子供の世話にならないのです。（一四―九二、一九六四・六・一一）

＊

これから皆さんは、父母として子供を抱いて天法についていかなければなりません。皆さんの生活がどんなにつらく、どんなに困難にもまれて生きているとしても、子供には涙を見せてはいけません。絶対にいけません。（二三―一八一、一九六九・五・一八）

＊

子供を教育するとき、どのようにすればみ旨のとおりに使命を尽くす人として教育できるのかを考え、乳飲み子にお乳をあげるときも、このように考えながらあげ

なければなりません。（一二―一三四、一九六三・一・二五）

＊

皆さんが「あの家門は良い家門だ」と言うことのできる基準になっているとしても、その家の子供たちは、何にでも注意しなければなりません。立派な家門に育った息子たちは、何にでも注意しなければならないというのです。一歩踏み出すにも注意しなければならず、一言話すにも注意しなければならず、行動をするにも注意しなければなりません。礼法が複雑なのです。威厳のある家柄には、子供を教育できる資料がたくさんあります。目上の人に対する時、兄弟に対する時、父母に対する時、どのようにしなさいと、育っていく子供たちを集めて教えるのです。（四二―一七、一九七一・二・一九）

2　信仰教育がもっと重要

子女たちの信仰教育が学校教育よりも重要です。お父様の考えはみ旨を中心とした考えであり、皆さんの考えは個人的な考えです。信じて行うものには創意力が生じます。（祝福家庭と理想天国Ⅰ―一〇五二）

祝福家庭の子女は、心情教育を通して人格者として育て、規範教育を通して誇り高い選民として育て、天才教育を通して天が与えた才能を一〇〇パーセント発揮させて、み旨の発展に寄与しなければなりません。（一三三―一八一、一九八四・一一・三）

＊

勉強するとき、なぜ疲れを感じるのでしょうか。自分のために勉強するので疲れを感じるのです。しかし三千万が死ぬか生きるかの問題がここ一ページにかかっており、一つの文句にかかっていると思ってみてください。一つの単語を付け加えることによって三千万が生き、一つの単語を減らすことによって三千万が滅びるという心で、もっと精誠を尽くしてその一つの単語を付け加えるという、深刻な心で勉強してみなさい。

頭が悪いからではありません。皆さん、深刻な立場にいたことを忘れることができますか。命を懸けてしなさい。皆さんはどきどきする心臓の鼓動を感じる時があるでしょう。深刻な時はそうです。そのような深刻な立場で、皆さんが決心したのを忘れることができますか。頭が悪いというのもみな程度の問題だというのです。

（三五―二八、一九七〇・九・一七）

＊

先生も苦学を通して学業をしました。虎は子供の野性を育て、山中の王として育てるために、過酷な試練と酷烈な訓練をさせることを知らなければなりません。金属の塊も火に当てるほど強くなるという原理も、子女を教育する時には一度は考えてみなければなりません。（祝福家庭と理想天国Ⅰ—一〇五六）

＊

父母が生活に困って心ゆくまで物質的な恵沢をもたらすことができなかったとしても、骨の中にしみ込んだ愛の心をもって子供のために生きる時、彼らは父母に借りをつくるというのです。それで孝子は貧乏な人の家庭から多く出るというのです。父母がそのような伝統を残したので、その子供が借りをつくるまいと努力する時、父母も生きがいを感じます。（祝福家庭と理想天国Ⅰ—一〇四一）

七　兄弟間の友愛

父母に息子と娘の二人しかいなければ、どうでしょうか。息子を見るとき、彼にはお姉さんも必要であり、またお兄さんも必要でしょう。また娘には、お兄さんも必要であり、お姉さんも必要です。また彼らには、妹と弟が必要です。お兄さんがいなければならないし、お姉さんがいなければならないし、弟、妹がいなければなりません。これらがそろわなければ不幸なのです。妹、弟、お姉さん、お兄さん、全部そろって完全に一つになる家庭は、神様が保護されます。これが氏族と民族と国家の起源になるからです。

お兄さんとお姉さんは東西を表し、弟と妹は南北を表すので、それが完成されれば一体になるのです。これが愛の法度です。このような愛の法度がしっかりと立つ時に、平和の起源は成されるのです。（二〇―四〇、一九六八・三・三一）

＊

父母の心は自分のための心よりも、兄弟同士がもっと「ため」に生きることを願います。父母の面倒を見られなくても、「お母さん、ちょっと待って。弟をかわいがってくるから」と言うと、「この子はこれから使える人になるなあ」と言うのです。そうでしょう。（七八―四一、一九七五・五・一）

＊

兄弟を父母以上に愛するという人は、天国で永遠に生きることのできる人です。兄弟を父母のように愛せない人は、ここから外れるのです。その道理の根本を悟ってみると簡単です。それを知らないから今までできなかったのです。私たち食口《シック》同士が一つになったのか、なっていないのかということが問題です。父母の前に親孝行できない立場に立ったなら、父母のために自分が精誠を捧げたものを、自分の父母にあげる代わりに食口にあげなさい。そうすると、父母に親孝行した以上のものとして天が受け入れてくれます。そのような人は必ず福を受けます。（七八―四一、一九七五・五・一）

＊

天国に行く道は、兄弟を神様のように愛することによって開かれます。皆さんは先生についていこうとするのですが、その心で兄弟と共に行こうと努力してみてください。このように見る時、天国に最も高く、早く、よく導いてくれるのは神様でもなく、先生でもなく、兄弟だという結論を下すことができます。父母と夫婦の愛を凌駕《りょうが》する愛をもって努力する者は、最高の愛の主体者として相手を選択するのです。（六六―一二五、一九七三・四・一八）

＊

弟一人が間違った時に全兄弟が支え合い、また、お父さんとお母さんが愛する、そのような家庭はどんなに美しいでしょうか。お父さんとお母さんは子女に対して、「私たちの後代の神様よ！」と言うのです。それはなぜでしょうか。神様の愛に通じる時も同じです。そのような家庭で、そのような愛をもって母のように愛し、母が父のために生きる、そのような愛となれば、その家庭には神様が共にいらっしゃり、その息子と娘は将来、神様の代身者になるということを知らなければなりません。（一八四―六三、一九八八・一一・一三）

＊

兄弟とは何でしょうか。同じ愛の同参者です。父母の愛の同役者なのです。ですから互いに闘えるでしょうか。闘えないのです。ですから右手を挙げる時は父親の手、左手を挙げる時は母親の手、右足をあげる時は父親の足……。善進《ソンヂン》に、この足は誰の足かと聞くと、右の足はお父さんの足で、左はお母さんの足だと言うのです。本当にそうだというのです。それはどうしてでしょうか。もう愛を中心として、そうなっているというのです。（一〇六―八〇、一九七九・一二・九）

＊

兄の立場で妹を愛し、妹の立場で兄を愛するのですが、ただ愛するわけにはいきません。必ず父母を介在させて、幼い時に父母の懐で育ったことを重要視しながら愛さなければなりません。父母と子女が一つになった基盤で連結された兄弟でなければなりません。そうしてこそ、成長しながら共に上がっていくのです。小学校、中学校をずっとそのように上がっていくのです。（二三六―一一、一九九二・一一・二）

＊

この世をいくら歩き回ってみても、家庭にある兄弟の愛、血を分けて生まれた兄弟愛のようなものはないのです。社会に出て自分の兄弟以上に近い人がいますか。近くなっても分けられるのです。（二二八―一九九、一九九二・四・三）

＊

兄弟が多ければ、御飯を食べる時も一膳の御飯を二人で分けて食べなければならないというのです。御飯が一膳しかないとけんかをするのではないのです。兄弟が多くて生活が大変でも、「私が御飯を食べなくても分けてあげなければ。弟にあげなければ」という愛の心をもつならば、いくらいても良いというのです。（一一一一九五、一九八一・四・一二）

＊

兄弟を通して国民が形成され、人類が形成されるのです。兄弟は前後を表示するものですが、それが肉になるのです。これが平べったかったのに肉がつくというのです。そこで円形ができるのです。円形をつくるのが兄弟であり、兄弟が拡張されて国民になるのです。兄弟愛というものは世界愛と通じるのです。兄弟の多い家庭は世界の人類を抱き、理想的な天国、地上天国と天上天国をつくるモデルのようなものです。ですから兄弟は、ここから拡張されるのです。（二三五―一六八、一九九二・一〇・一一）

八　勤倹節約、質素な家庭生活

1 質素な生活

妻は夫のために生き、子供は父母のために生き、また父母は家庭のために生き、おじいさん、おばあさんも家庭のために生き、孫も家庭のために生き、このように、愛によって互いに「ため」に生きていくのが幸福ではないでしょうか。

すべての食口《シック》たちが自分のものをつくろうと努力するのではなく、私たちのものをつくろうと努力するのです。おじいさんも使わずに節約して私たちのものにしようとし、お母さん、お父さんも私たちのものにするために使わずに節約し、息子、娘もそうであり、全家族が私たちのものを拡大させるために努力する、そのような家は繁栄するでしょう。

ですから、お金を使わずに節約して全体のために生きるところから、このような愛の安息の場は拡大されるのです。そのような家庭を中心として、社会や世界に広まるようになる時、理想実現が可能なのであって、自分のもの、自分を中心としてはいけないのです。（二六七―二一四、一九八七・七・一九）

＊

所有権は神様に返さなければならないのです。ですから先生は何ももっていません。それを知っているので質素な生活をするのです。一家族が、かばん一つ背負って、どこにでも行って生きることのできる時代がだんだん近づいています。「富んでいる者が神の国に入るよりは、らくだが針の穴を通る方が、もっとやさしい」（マタイ一九・二四）という聖句は一理あるのです。（二二九―六五、一九九二・四・九）

＊

確固たる経済的基盤をどのように築くのでしょうか。まず節約しなければなりません。それで「節約しなさい」と言うのです。しかし、いくら強調しても駄目なのです。私たちが物質を自由に授け受けることのできる環境でも、責任を果たせずに追い出される日には、統一教会は第二次の受難の道を行かなければなりません。（二四―一〇一、一九六九・七・一三）

＊

私たち宣教師は、ヨーロッパ文明社会の豪華な要素を必要としないほどに訓練されています。私たちは、新しい文化をもっているからです。それが「寝袋文化」です。私たち若者は、どこに行っても不慣れな所はないはずです。統一教会の宣教師の家は、豪華な家具のない、最も質素な家具だけがある状態で見つけられるでしょう。（一三〇─一八〇、一九八四・一・七）

2 節約精神

すべての面で模範にならなければなりません。良く食べて幸せに暮らし、豊富な生活をすることが絶対に模範ではありません。節制をもってして、不可避なことに対して、必要に応じて適切な消耗をするのが模範的生活だということを知らなければなりません。

先生は、聖日には仕方なくこのように正装をしますが、服を着る時はできるだけネクタイをしないで過ごすのです。家にいる時はジャケットを着ずに、セーターのようなものを簡単に着ようとするのです。ヨーロッパ社会で、ネクタイの値段がどれほど高いか考えてみてください。ピンまで全部合わせると、これはどんなに高くなると思いますか。それができずに、ノータイ（ネクタイなし）のままで世界のことを考えながら一生を生きた人と、ネクタイをして世界のことを考えずに生きた人が霊界に行く時、どちらが神様の前に近づけるか、考えてみてください。

断食をしてみると、時間がどんなに長いか分かるでしょう。三食の食事をするために、どんなに長い時間を要して食べていたかが分かるはずです。また精神的にも、りんご一つでももらって食べようと冷蔵庫を開けてみたり、コーラ一本でも飲もうと行ったり来たりする、そのような精神的な消耗がどんなに多いでしょうか。食事の時だけ食べる習慣が必要だというのです。そうすると病気にもかからないし、健康になるのです。

先生は毎日のように風呂に入ることに賛成ではありません。三日に一度を原則にしなければなりません。汗を流したので仕方なく入るのです。毎日入ると、それがどんなに水をたくさん消耗するかというのです。健康にも悪いのです。「えー、先生は野蛮人だ」と言うかもしれませんが、そう言われてもよいというのです。エデンの園の神様も、アダムとエバも、野蛮人でした。昔は、このごろのようなトイレがあったでしょうか。トイレットペーパーがあったでしょうか。何もなかったというのです。

ですから、そのようなものを感謝して、このようにしてでも、この世界を生かさなければならないのです。（一三一―二八三、一九八四・五・四）

＊

御飯を食べても昔と違わなければなりません。トイレに行っても昔と違わなければなりません。このごろ汽車に乗ってトイレに行くと、トイレットペーパーが壁に掛かっています。「よし、このように使ったとして誰が見るか」と、やたらと使ったりもしたでしょう。他人のものだからとずるずる一度に引き出して、また引き出し、また引き出し……、それではいけないのです。節約して一度にしなければなりません。変わらなければならないのです。（五七―一七九、一九七二・五・三一）

＊

おなかがすいて御飯を食べるときも、食器に御飯を山盛りにして食べるのではなく、五分の二を除き、五分の三を食べて満足できる基準をもちなさい。そうしてこそ賢い人です。何でも節約できなければなりません。最高に節約していくらで生活できるか、このような訓練をして最小限三カ月の間は各自が記録し、自分自身の最大の限界点までしてみなければなりません。そのようにして、どのようになるか見ようというのです。（五七―一九七、一九七二・五・三一）

＊

神様のみ旨のために、この国の復帰のために一銭でも節約できる道を模索しなければなりません。ですから経済的管理において、より一層節約できる道を私たちは開拓しなければならないというのが先生の考えです。（七七―三一、一九七五・三・一三）

＊

先生はこれから、生活費の半分をもって生活するようにさせるのです。コーラのようなものも、果物も食べられないようにしようというのです。食堂でも見ると、皆さんは食べるものなら自分勝手に入ってきて、何でもよいから持っていって食べていました。豚のように食べているというのです。節約には、こつは要りません。着るもの、食べるもの、買うのにおいて節約すればよいのです。（九六―一三四、一九七八・一・三）

＊

私たち食口《シック》は、あのようなネクタイはしてはいけません。それは外部の人たちに誤解を受けるかもしれないので、「するな」と言うのではありませんが、できるだけそのような面で節約しなければならないのです。さあ、そうすることによって偉大な革命の基地が爆発するのです。分かりますか。アメリカにおいて絶対に必要で

す。（九四—一九五、一九七七・九・一）

＊

私がお金をたくさんもっているからと、ある人は私を「億万長者だ」と言います。しかし、私は二十四時間休まずに血と汗を流して、たったの一銭でも節約しようと、すべてのお金を世界にちりばめて、文書も一切私には残っていないのです。印鑑一つもないのです。私が精誠を込めて集めたこのお金は、誰も勝手に消化することはできません。神様が共にいらっしゃるのです。分かりましたか。（一〇一—一六一、一九七八・一〇・二九）

＊

人が寝ている時に寝ず、人が食べる時に食べず、節約をして、人ができないことをするのです。先生の考えは、もともとそうなのです。（一〇三—二四一、一九七九・三・二）

＊

このように大切にし、節約して、苦労して何をしようというのでしょうか。後代のために良いことをしようというのです。それで世界に誇ることのできる基盤をつくる思想をもとうというのです。十年そのような思想の伝統を残して、百年そのような思想の伝統を残し、千年そのような思想の伝統を残すようになる時は、大韓民国は世界から推戴される民族になることは間違いありません。ですから、このような原則で指導しようとするのが先生の思想です。打たれている現在では最も悪い思想として見られますが、のちのちにはこの思想のみが残り、この思想のみが勝利するのだと思うので、このような道を行くようになったのです。（一〇九－一〇四、一九八〇・一〇・二六）

＊

「お金を大切に！」という時、私が金持ちになるためというよりは、国を生かすために大切にするのが公的だということです。私が大金持ちになるために大切にするのではありません。国を生かすために大切にするのです。アメリカにおいて、「アメリカは節約しなければならない。大切にしなさい」と言うのは、世界を生かすためなのです。アメリカは世界でも税金を最も多くかける国なのですが、世界のために税金を多く取ったら、世界から尊敬されるのです。

それをアメリカの国民のためにしたのであれば、アメリカの国民も政府に反対し、世界も反対するのです。世界を駄目にする行動と文化をもっていると思うのです。ですから、そのような世界のために私が、「反対されてもレバレンド・ムーンが行く道が正当な道だ」と言うのです。私が聞き、語り、私がするすべてのことがそう

だというのです。（一一一―一五六、一九八一・一一・一二）

九　日常生活の礼節

1 服

服を掛けるときも、すべて原理的に掛けなければなりません。男性の服は右、女性の服は左です。服を置くにも男性の服は上に置き、女性の服は下に置く、というのが原理的です。全部そのような訓練が必要なのです。

皆さん、このようなことを初めて聞いたでしょう。そうしてこそ良いのです。男性の服をみな下において、女性の服だけ上に置くとはいったい何ですか。原理に反することです。（一三一―一八三、一九八四・五・四）

＊

さて、服を脱ぐときも、ズボンを先に脱いで上着を上に置かなければなりません。

上着を先に置くのではありません。そのような原理的な生活によって環境を整理する方法を知らなければなりません。男性の靴は右側、女性の靴は左側、また二部屋しかない家に住む時は、男性の靴は上に女性の靴は下に、それを全部原理的に整理する方法を知らなければなりません。(一三一―二八三、一九八四・五・四)

＊

女性は服を着る時、どのようなものを最初に着ますか。上のものを先に着ますか、下のものを先に着ますか。女性は下のものから着るのが原則です。原理では下から着るのです。男性ももちろんそうですが……。男性は時々上のものを先に着てもよいと思います。それは原理的です。皆さんはそのようなことを全部知って、生活から整理しなければなりません。原理が生活哲学だということを知らなければなりません。(一三一―二八三、一九八四・五・四)

2 顔

顔は造られたそのままですが、その表情はどうでしょうか。これは皆さんが習慣的に調整しなければなりません。歯が内側に曲がっているなら、できるだけ笑うなというのです。それはなぜでしょうか。毒蛇の歯のように見えるからです。ですからそのような女性は、絶対口を開けて笑うなというのです。ですから、できるだけ口を開けずに笑いなさい。（一三一―一二八三、一九八四・五・四）

＊

女性が「ははは」と笑ってはいけません。女性は花であり、花が咲く時は音もなく「ぱっと」咲くのでしょうか。しゃなりしゃなりと咲くでしょう？　そのような女性が女性らしいのであって、「ははは」ではないのです。西洋の人たちは「はっはっは」と笑います。それが男性ならばともかく、女性は見ていられません。本当に見ていられないのです。いくら西洋人だとしても、私たちムーニーはそうであってはいけません。（一三一―一二八三、一九八四・五・四）

＊

笑いというものは、本当に妙なものです。ちょっと笑うのも笑いです。笑うとどうなるかというと、すべてのものが丸くなるのです。年を取った男性が「はっはっは」と笑って、のけぞらずに、おなかを抱えると「くくく」というのです。なぜおなかを抱えるのでしょうか。変ではないですか。のけぞって笑えば良いのに、なぜおなかを抱えるのでしょうか。丸くならなければならないからです。にこにこ笑う時には口元がちょっと上がりますが、「ははは」と笑う時には口が丸くなるというのです。ですから丸く笑う人の中には悪い人がいないのです。今、骨相学を語っているのではありません。おもしろいでしょう。(一七三―二四二、一九八八・二・二二)

＊

さて、皆さんが笑う時、目と鼻が別々に笑いますか、みな一緒に笑いますか。目が笑い、鼻が笑うのですが、口がこのような人(笑っていない人)は食べることに苦労するのです。また鼻が笑わずにこわばっている人は、娘や息子を授かりにくいのです。また、笑うには笑うのですが、このように目が笑っていない人は情が薄いというのです。全部このようにぱーっと笑い、大きく笑わなければなりません。(九六―二三二、一九七八・二・一二)

3 頭

男性も女性のように髪を整えなければなりません。化粧をするのもそうで、髪も自分が見て、分け目を左にするのか、右にするのか決めなければなりません。西洋もそうで、東洋もそうで、みなこのようにするのです。西洋風ならば大抵左を分けるのです。しかし、右を大きくするのが良いというのです。これを女性がよく考えなければならないのです。(一三一―二八三、一九八四・五・四)

4 手の爪と足の爪

先生が西洋に来て最も恐ろしいと思ったのは、女性の前に行くことです。手の爪だけ見ても、これはもう危険極まりないのです。先生は爪をいつもこのように短くしています。これは必要なのです。ちょっとでも伸びると手足の爪を切るのです。手足の爪を切るのが趣味なのです。手の爪を伸ばす女性たちは、「仕事をしません」と言っている女性たちです。わー、あの爪でタイプを打つときは、どのように打つのでしょうか。私はそれを見る時、「あの人は道端にいる女性だ」と思うのです。お金をあげなければ爪で「さっ」と金をくれというのです。私はそう思います。(一三一―二八三、一九八四・五・四)

女性が靴下を脱ぐときに、足の爪が長く伸びていてはいけません。西洋の女性たちは、足の爪が長いと痛くていけません。ハイヒールを履くときに痛いでしょう。

（一三二一一二八三、一九八四・五・四）

5 歩き方

歩くときは端正に歩かなければなりません。立って歩くということは均衡を保たなければならないのです。均衡を保って、安全に歩かなければなりません。ある人を見るとこのように歩き、またこのように歩き……。すっと立っている姿には均衡が取れていなければなりません。そのようなことが必要なのです。（一三二一一二八三、一九八四・五・四）

＊

女性は、背中が丸まってはいけません。男性もそうですが。ベッドを使う女性たちを見ると胸がへこんでいるのですが、これは良くありません。頭からまっすぐに立たなければなりません。ですから座るときも、いつもまっすぐ座る練習をしなければなりません。男性たちも同じです。

また女性は座るとき、おしりをつけて座らなければなりません。これができなければみな腰が曲がってしまいます。歩く姿が重要だというのです。（一三二一一二八三、一

一九八四・五・四）

6 座る格好

女性たちがどこかに行って座る時、東洋では絶対寄りかかって座らないようにします。男性はそれを許されます。なぜそうかというと、女性はおしりが大きくて、座ると自動的に楽だというのです。男性はおしりが小さくて、上体が大きいのです。ですから座る時、特に女性たちが寄りかかって座ると、赤ん坊に支障があるというのです。妊娠していれば大変だというのです。（一三一―二八三、一九八四・五・四）

7 寝方

西洋では、寝るときのマナーはどうなっていますか。うつ伏せに寝ますか、横になりますか。ぐっすり寝なければなりません。寝る姿が美しくなければならないのです。いびきをかくのも図体の大きな男性がかくのであって、女性がかいてはいけないのです。女性が寝るときは、すやすやと寝なければなりません。女性がいびきをかくのは困るというのです。そのようなとき、あごを引くともっと音がするというのです。そうではないですか。ですから、できるだけ枕をこのように、首が高くなるように当てるのです。それが必要です。(一三一—一八三、一九八四・五・四)

＊

女性が、夫が寝ているところに入らなければならないときは、横にすっと入らなければなりません。横を向いてです。夫が先に寝ているのに、女性がどたどたと入ると大変なことになります。そっと横に、それが必要です。(一三一—一八三、一九八四・五・四)

8 健康

健康が第一です。いくら具合が悪くても、風邪を引いても健やかな気分を……。自分の表情を見ても、他の人から見ても、気づかれないという表情が必要です。ちょっと風邪を引いただけでも具合の悪い表情をし、ちょっとつらいだけでもつらそうな表情をするのですが、そうしてはいけないのです。男性が心配しても、どうして心配するのですかと言いながら、むしろ慰めることのできる、常に健康な表情が

必要です。（一三二―一八三、一九八四・五・四）

9 言葉

東洋では、「女性の声が塀を越えるとその家は滅びる」と言うのです。男性が「わー、わー」言うのは自然なことで、塀を越えるようになっています。女性は声が小さいのです。本来そのようになっているのです。ですから塀を越えるようになると原則から外れるので、その女性と暮らしているうちに滅びるということなのです。

そして女性が話す声を聞くと、すぐに分かるというのです。この人がどのような生活をするか、福を受けて生きられるのか、愛を受けて生きられるのか、それが分かるのです。ですから、女性の声は重要です。そのようなことを考えたことがありますか。（一三二―一八三、一九八四・五・四）

言葉は言葉だけで、行動は行動だけでしてはいけません。全部神様の息子、娘の位置に立てられているので、神様の息子として語り、行動し、神様の娘として語り、

行動しなければなりません。（九一—八九、一九七七・一・三〇）

＊

皆さんは、心情にない言葉を語ってはいけません。絶対に語ってはいけません。引っ掛かるのです。天法に引っ掛かるのです。（九一—九七、一九七七・一・三〇）

＊

皆さんは言葉を瞬時に語りますが、その一言を間違えると、それが一年間も影響するのです。一瞬に間違った言葉を一年間もかけて清算するようになるというのです。（四三—一一一、一九七一・四・二五）

＊

愛を中心として語る言葉は、いくら悪口を言っても、何を語っても栄えるのみであり、発展するのみであり、全宇宙が喜ぶのみであるというのです。（九一—九一、一九七七・一・三〇）

十　純潔に対する教え

1 思春期には戒律をよく守れ

皆さん、思春期になると異性に目覚めるようになり、全体の思いがそこに集中するでしょう。すべての細胞の作用がそこに集合するのです。(一〇八―一三三、一九八〇・一〇・一六)

＊

思春期になった青少年たちを見てください。女性を見ると、目をぱちぱちして、カラフルな服を着、おしりを包んで歩き回るというのです。おしりが大きいと大変なことになるのです。傷がつくかもしれないと、小さくして歩き回るというのです。皆さん、人において、知恵とすべての肉的な作用を一〇〇パーセント活用できる時が思春期です。細胞全部が作用するのですが、一〇〇パーセントするのです。その時のみ一〇〇パーセント活動するというのです。女性がかわいらしいもの、カラフルなものをなぜ着ようとするのでしょうか。それはみな信号機と同じだからです。（一四四－二〇二、一九八六・四・二四）

＊

このごろの世の中には様々なことが起こりますが、この天地では統一教会の者たちは絶対巻き込まれてはいけません。思春期というものが、「思」の字の「思春期」ではなくて、「死」の字の「死春期」です。皆さん、これ（思春期）を選びますか、これ（死春期）を選びますか。（五七－一五九、一九七二・五・三一）

＊

イエス様には思春期があったでしょうか、なかったでしょうか。イエス様にも思春期があったのです。イエス様も思春期があったのですが、どんな思春期ですか。「思」春期を歩まれたのでしょうか、「死」春期を歩まれたのでしょうか。どのような思春期を歩んだのでしょうか。誰にでも口笛を「ぴーっ」と吹いて合図する、そのような思春期ではありません。「思」の字の「思春期」を歩んだというのです。（五七－一五九、一九七二・五・三一）

＊

まず、皆さんは思春期をしっかり過ごさなければなりません。生きようとするのはこれ（思春期）であり、死のうとするのはこれ（死春期）です。死のうとしてこれを外れて一回りひっくり返して、一八〇度回すと死春期が変わって思春期になります。それでイエス様は、死んだ死春期を通して希望の春の日、新しく生きる春の日である新郎新婦の思春期に向かって探してこられたのです。それがキリスト教の新郎新婦の歴史です。（五七―一五九、一九七二・五・三二）

＊

人間の堕落とは、どういうことでしょうか。神様を中心として春の日を迎えることができなかったことです。「春の日が来たら孝子になろう」と言う者たちが、自分だけ春の日を迎えるのでしょうか。父母に、「お母さん、お父さん！　きょうは春です。私たち、一緒に行って、きょうを楽しみましょう」と言ってこそ孝子です。「お母さん、お父さん！　きょうは春ですが、春には昼寝をするのが適当です」と言って、ぐっすり昼寝をするようにしておき、自分たちだけで行って、歌を歌い、踊りを踊る者たちが孝子でしょうか。「親不孝者」と言われるだけでなく、殴り殺されなければならない者たちです。そうでしょう。（五七―一五九、一九七二・五・三二）

＊

堕落とは何でしょうか。神様を中心として神様の側においては、「死」春期として始まったのです。「死」の字の「死春期」です。「死春期」の歴史が始まったというのです。

ですから死のうとする者には春が来るのです。新しい時代が来るのです。このようなことを今までしてきたのが、キリスト教の歴史です。(五七―一五九、一九七二・五・三二)

＊

今日のティーンエージャー(十三～十九歳)が重要だと言われていますが、それはなぜでしょうか。これはプラスでもマイナスでも、どこでも……。目がひっくり返って歩き回ろうとするというのです。それで社会に破綻をもたらし、自分自体に破綻をもたらすのです。

また思春期は変化の時なので、誰かが一言言っただけでも、「なーんだ!」と言います。すべてそうだというのです。すっかり変わる時なので、歩き回ろうとするのです。それで秩序に従って、状況を見つめながら行かなければならないというのです。

皆さんは今、これを整理しなければなりません。びくともしないものをみな整理しなければなりません。さあ、善悪の中で、悪とは何でしょうか。破壊するためのものです。何の保護作用も成立できないということを知らなければなりません。（一八一―一九七、一九八二・六・一）

＊

思春期の時は、男性も女性も危険な時です。（一二四―一二〇、一九八三・二・一）

＊

ですから思春期に間違えると、一生を駄目にすることもあるのです。しっかり選択すると、一生を繁栄に導いて生きることができるのです。そのような問題が起こるのです。（五〇―一七〇、一九七一・一一・八）

＊

今日の青少年たちが父母に逆らい、家庭を破綻させるのは、法度の秩序を破綻させることだから悪だというのです。それによって家庭が破壊され、社会が破壊され、国家が破壊され、人間が破壊されるのに、これが悪でないはずがありません。

思春期の時は力を出して、映画に出てくるスリルのある場面を実践してみたがったりするのです。「それのどこが悪いのか」と言うのです。

しかし、そのようなふしだらなことをして環境を破綻させてしまうようなことが起こるので、制裁をしなければならないというのです。皆さんの知性が明るくなって、社会の体験と環境的なすべてのことをコントロールできるその時にはよいとしても、今は駄目なのです。（一一七―一八四、一九八二・三・一）

＊

皆さんは今、最も美しく咲こうとしているつぼみが良いですか、ぱっと咲いた花が良いですか。先生は、ぱっと咲いた花が良いのですが。皆さんは、ちょうど今、咲こうとしている人たちでしょうか。

咲く時には、好きなようにぱっと咲きなさいというのです。他人の力で咲くのではなく、自分の思いのままにぱっと咲きなさい。それはどういうことかというと、皆さんが自然と育って、自然と思春期を過ぎ、自然な環境で、ぱっと咲いて、愛する夫に出会わなければならないというのです。咲くこともできずに、しわくちゃになってはいけません。葉が落ちて粉が落ちてから咲く花になってはいけないのです。男性も同じです。男性もぱっと咲かなければなりません。（四七―八八、一九七一・八・一九）

＊

まだ咲いてもいないつぼみなのに、手紙を書いて恋愛ごっこをするような悪い者になってはいけません。自然と、ぱっと咲かなければならないのです。神様が御覧になる時、「わー！　純粋に本性的に咲いたのだなあ。香りをかいでみると汚れていない初物だ」と言えなければなりません。

ですから神様も、希望に胸を膨らませているというのです。そのような神様が初物を望むでしょうか、しわくちゃなものを望むでしょうか。では、皆さんはどうですか。初物を望みますか、しわくちゃなものを望みますか。堕落した皆さんも新しいものを望むのに、神様はそれをもっと望むのではないでしょうか。

ですから純情をもってぱっと咲いて、今日の堕落した世界の悲しみの峠に引っ掛かるのではなく、それを越えていくことのできる、価値のある皆さんになってくれるように願います。（四七―八八、一九七一・八・一九）

2　私は天の子女である

私たちは、父の息子にならなければなりません。娘にならなければなりません。本当に父の血統を受け継いだ娘、息子にならなければなりません。父の事情が私たちの心情と因縁を結び、父の心臓の動脈が私たちの心臓の動脈と因縁づけられる一体的な関係を成し、父が行かれる道が私たちの道であり、父の心情が私たちの事情であり、父のみ旨が私たちのみ旨にならなければなりません。（二七―二七〇、一九六九・一二・二一）

＊

皆さん考えてみてください。二十代に近い青少年として汚れに染まらず、聖なる純情をしっかりと包み込んで、どこに置いておくのでしょうか。天が最も喜ぶことのできる祭壇の前においてこそ、神様が喜ばれるのです。その次には、自分のような純情をもった男性と女性が出会って神様と共に結ばれる聖なる基盤が、新郎新婦が出会う場であるにもかかわらず、皆さんはそのような価値を知らずにいます。（六四―八四、一九七二・一〇・二四）

＊

自分の体は貴いものです。これを汚さずに孝行をせよというのです。神様に認められる、その体をもって、責任性をもってサタンの死亡圏から脱出しなければなりません。これは人間としての最高の目的であり、またそれが基準なのです。創造原理的に言えば、そうならざるを得ないのです。（一五―二〇二、一九六四・一〇・九）

＊

皆さんは、神様の前に순종《スンヂョン》（純種）になれなかったので、순종（純種）になるためには、순종（従順）でなければなりません。

そして皆さんが言うことを聞かないと、たたいてでも従順になれるような法度を教えるのです。神様の愛を教えるというのです。これが統一教会です。それで統一教会は、すべての宗教の中心になる宗教なのです。（三三―三三二、一九七〇・八・二三）

＊

これから純種（従順）の種を作らなければなりません。種を割ると、その種の中心は胚乳《はいにゅう》です。胚乳の中心は神様の愛だというのです。では皆さんの頭を割れば、その中心は何でしょうか。神様の愛だというのです。種の中心、すなわち根になれる動機が神様の愛です。

神様の愛から出発するのです。ところで皆さん、「私には神様の愛がある。私はたとえ見てくれはみすぼらしく、肉身は五、六尺にもならないけれど、この男の赤い心には神様の愛があふれている」と、そう言ったことがありますか。（三三―三三二、一九七〇・八・二三）

＊

地上は貴重だと思います。特に若い人たちは体を正しく保全しなければなりませ

ん。従順で清い心、従順で清い体が親に対する真《まこと》の親孝行になるのです。（一五―一〇一、一九六五・一〇・九）

＊

初愛の心をもって神様の前に行かなければなりません。（一二九―一四九、一九八三・一〇・九）

＊

あの世に初愛と共に行った人が、天の国では最高の立場に行くということを知らなければなりません。（一二九―一三五、一九八三・一〇・九）

＊

この地に生きる人で、天国に行くことのできる人は初愛を中心として行き、初愛によってすべてのことをあきらめ、初愛のゆえに死に、生きるという人です。ですから初愛を正しくしなければなりません。（一二八―八五、一九八三・六・五）

十一　聖別儀式の生活化

1　聖塩

（※聖塩は一九六〇年、陰暦三月十六日、真の父母様の聖婚された日を基点として初めて聖塩を作って使用した。これによってすべての家庭は、聖塩を使用して生活と環境を聖別する生活をした。）

聖塩は麹《こうじ》のようなものです。ものを購入したときに聖別し、外出して家に戻ったときも塀（門）のところで聖別するのが原則です。（九—七八、一九六〇・四・一一）

＊

聖別したものをサタン世界に出してはいけません。それが不可避なときは左手であげなさい。（九—七八、一九六〇・四・一一）

＊

聖別するときは、「父と子と聖霊と真《まこと》の父母様と私の名によって聖別いたします」と唱えながら聖塩を十字（北南東西の順）にかけます。（九―七八、一九六〇・四・一二）

＊

聖別した不動産などを処分しなければならないときは、段階を追い、許しを得て処分するのが原則です。（九―七八、一九六〇・四・一二）

＊

私たち食口《シック》が聖別した土地をもち、すべての土地をだんだん占領していかなければなりません。（九―七八、一九六〇・四・一二）

＊

皆さんがどこかに行って座る時、塩をまいて座りますか。心の中で「ふー、ふー、ふー」と三回吹く条件を立てて座りなさい。サタン世界に美男子がいたら、「ああ、美男子と一緒に暮らしてみたい」と、そのように思わず、美男子が手を一度握ったとしても「ふー」と吹いてしまわなければなりません。塩をまかなければならないというのです。心の中で「ふー、ふー、ふー」と三回吹きなさい。塩を三回まくのです。（二七〇―二三三、一九八七・一二・二二）

＊

食口たちは、すべてのものを聖別しなければなりません。聖別をするのに聖塩をまいて聖別するのは何の問題にもなりませんが、御飯を食べたり、そうめんを食べたり、水を飲んだりする時に、いつ聖塩をもってそうするのでしょうか。ですから、これからどうするのですか。イエス様が復活したのち、「ふーっ」と吹きながら「聖霊を受けなさい」と言ったのと同じです。アダムを造っておいて鼻に息を吹きかけて実体の新生命を誕生させたのと同じように、これからは皆さんも生命の実体を身代わりして、水を飲み、御飯を食べる時には息をかけてから食べなければならないというのです。韓国の風習は妙だというのです。水を飲むときも息を吹きかけてから飲みます。また息を吹きかけて座ります。それは、天がこの民族のために自然的な良心を動かし、私たちに一つの風習として残すようにしたものです。これはすべて、偶然に成されたのではありません。ですから、心でいつもそのような聖別をしなければなりません。私たちは三時代、蘇生《そせい》、長成、完成、六千年の長い時代を三時代として経ながら、汚れたものを聖別するために三回息を吹きかけて食べなければならないというのです。どこに行っても、皆さんが小便をしても、一様にそれをしなければならないのです。どこに行っても、みなしなければならないのです。

（一五〇―一二二、一九六一・四・一五）

2 聖なるろうそく

イ．心情のろうそく

（※心情のろうそくは一九六一年一月五日にお作りになり、祝福家庭に伝授。心情のろうそくは、真《まこと》の父母様を象徴するものであり、神様の心情を慰労してみ旨の成就を誓う祈祷をする時に使用する。）

〈祈り〉

アダムは堕落以降、真の生命と愛（心情）の源泉を失ってしまいました。人間は神様を心情的にずっと失望させてきました。このような失敗によってあなた様は、堕落人間を復帰するために身もだえせずにはいられませんでした。

あなた様の労苦を心の中に大切にしまいながら私たち一人一人は、復帰されたアダムの位置に上がるための一念で生きてまいりました。万物を復帰するための私たちの決心をもっと固くしてください。

この心情のろうそくが燃えるたびごとに、この火花があなた様の心情を慰労してくださり、あなた様のみ旨を成すための私たちの献身があなた様に記憶されるようにしてください。私たちがこの心情のろうそくに火をともし、祈祷するたびに、復帰歴史において私たち自身の決意をさらに強くさせてください。

ロ．お産のろうそく

（※お産のろうそくは譽進《イェヂン》様の誕生時から始まった三十六家庭が結婚生活を始めて以降、真の父母様が各家庭に伝授してくださった。）

〈祈り〉

私は今、真の父母様が三十六家庭に伝授してくださった伝統的なお産のろうそくを各家庭にもう一度伝授しようとしています。

私がもっているお産のろうそくを、本来の真の父母様がもっていらっしゃったお産のろうそくの象徴として使用しましたので、この家庭にも同じ内容をもつお産のろうそくをもてるようにしてください。

あなた様のみ名と栄光をもって祈祷しますので、子女たちを出産する間、このお産のろうそくが燃える時に霊的な雰囲気を聖なるものにしてくださり、サタンが一切接近できないようにしてくださるように、祈祷いたします。

八・愛天のろうそく

（※愛天のろうそくは一九八四年五月十六日、真《まこと》の父母様が作られ、五月二十日、祝福家庭に伝授された。愛天のろうそくは、人類に対する愛の表示として、心情のろうそくとは違って二本一組になっている。）

ろうそくは、それ自体が犠牲となって光を発します。このように神様を中心として人類が一つになるためには、犠牲にならなければならないということを象徴しています。火がつく所はろうそくでもなく芯でもありません。ろうそくと芯が合わさって火がつき、光を発します。

同じように、主体と対象である夫婦が互いに犠牲になる時、光を発するということを象徴します。そこにはサタンが存在することができません。（一三二－一〇四、一九八四・五・二〇）

＊

愛天のろうそくを中心として、統一心情圏に完全に一つになりなさい。そうすると、すべてのものが整理されるのです。（一三二－一〇七、一九八四・五・二七）

＊

〈祈り〉

愛する神様！「愛天日」を定めたこの勝利の標的を消えないろうそくの火によって象徴してくださったので、ここに父母様の愛、神様の愛が共にあってくださり、このろうそくの光をともす所ごとに、その場の光と共に一つになるその家庭には平和が掲げられ、あなた様の愛の主管圏が連結されて暗い勢力を防ぎ、すべての不義の条件を防ぎ、不和の根源を防止できる勝利の聖なるろうそくになるように許してください。

これを愛し、特別に祈祷する所ごとに、あなたが常に共にいてくださって父母様が共にいてくださり、全霊界と肉界が愛の統治権をもって共にいて保護してくださるようにお願い申し上げます。

これから始まるこの愛天のろうそくの上に、あなた様の栄光と共に歴史に長々と連結されるように、そうして天国が完成される時まで継続できるよう祝福しますので受けてくださいませ。

父母様の名前で祈祷し、宣布いたしました。アーメン。（一三二―一〇五、一九八四・五・二〇）

＊

二・統一のろうそく

（※統一のろうそくは、一九九五年九月五日から一九九六年一月二日まで、真《まこと》のお母様が真の子女様と共に、夜十二時に統一のろうそくをともして百二十日の間、精誠を捧げられたのを起源とする。）

今回お父様は、九月五日からアメリカ巡回講演をされ、私も日本での講演を行いました。私は家を出てくる時、子供たちと話し合いました。集まることのできる子供たちをみな集めてから、「お父様が、再び人類を抱かれるために、アメリカを相手に、第一線に出てお話しされようとしていらっしゃるので、私たちは精誠を尽くしましょう」と言いました。子供たちは一言の異議もなしに、みな「そうしましょう」と言いました。子供たちは離れ離れに分かれて勉強しているのですが、どのような環境にいたとしても、夜十二時になれば、ろうそくをともして祈祷することにしました。来年の一月二日までの百二十日間、精誠を捧げることにしたのです。（真のお母様のみ言）

＊

私が、きょう持ってきたろうそくがあるのですが、これを伝授します。ですから皆さんには、父母様の前に誇れる息子、娘として、この地上で実を結ぶ立場になってほしいのです。そして、みんなを天国に一緒に連れていきたいのです。きょうから精誠を捧げる基台を、真の父母様の家庭の子女たちまで拡大して、困難であっても皆さんがその隊列に共に同参して、同じ心情で、各自、責任を果たすことのできる者となってほしいのです。

このろうそくは一本ですが、これは三つのろうそくが一つになったものです。そして、ここに真の子女様たちの愛が込められています。（ファミリー一九九五・一一）

＊

〈祈り〉

この「統一のろうそく（統一燭《しょく》）」を連結したのち、永遠に消えることのない火で燃えるあなたの前に、忠誠と愛の心をもって全人類を燃やす時まで愛することを、重ね重ね誓い、約束する時間となりますように。

そして、そのような人生を生きることのできる各自すべてとなることができますように、お父様、激励し、お守りください。

そのためにこの生命を捧げるほどに、忠誠を尽くすことをお誓い申し上げるとともに、そのような立派な者たちとなることができますように、いま一度祝福してください。

すべてのみ言《ことば》を、真《まこと》の父母様のみ名によって、お祈り申し上げました。アーメン。

十二　祝福家庭の日常生活儀礼

1　敬拝式《キョンベシク》

毎月一日は、朝の五時に各家庭で、夫婦が共に本部に向かって敬拝しなければなりません。喜びの雰囲気の中でしなければなりません。日曜日にも朝五時にしなければなりません。その時は、一週間のすべての生活を報告しなければなりません。日曜日が早く来るのを願う、喜びの日にならなければなりません。(一三―一〇四、一九六三・一一・一)

＊

敬拝式は、日曜日の朝にだけするのではありません。本来は毎日しなければなりません。朝起きれば、まず本部に向かって敬拝式をしなければなりません。それが公式的な礼式です。しかし毎日そうすると副作用があるので、副作用を避けるために、その条件を掛けて聖日と毎月一日の早朝だけにしているのです。本来は毎日しなければならないのです。（三一―二七四、一九七〇・六・四）

＊

早朝の敬拝の時間だけでも天と直線上に立ちましょう。その時間は本当に深刻な立場です。その時間に一秒遅れても悔い改めなさい。その時間には、ちょうど聖晩餐《ばんさん》の時のように、聖物として飴《あめ》一粒でも準備しておいて子供たちに分けてあげなさい。（二七―八五、一九六九・一一・二六）

＊

早朝の敬拝、精誠、礼拝時間を厳守できないのに、自分の息子、娘のことがうまくいくように願ってはいけません。先生を中心として四位基台を成さなければなりません。そして子孫を立てようとするなら、父母がしっかりしなければなりません。（二二―八六、一九六八・一〇・二七）

2 家庭礼拝

父母がみ旨の生活において模範にならなければなりません。家庭での祈祷生活とか、家庭礼拝だとか、どのような面でも負けることのない信仰生活を、子女たちに見せなければならないのです。また、敬拝の時間がどんなに重要かということを認識させなければなりません。その時間には敬拝式《キョンベシク》だけで終わるのではなく、み旨を中心として、父母として子女たちを教育しなければなりません。（三一―二六六、一九七〇・六・四）

＊

自分の一族を中心として、家庭礼拝をどこでも捧げることのできる環境を広めていかなければなりません。（二三六―七二、一九九二・一一・二）

＊

皆さんが公式の集会に参加したかどうかが問題になるのであり、その次には、公式活動での責任遂行をしたかどうかが問題になるのであり、その次には、家庭生活で子女の前に父母として模範になれたかなれなかったかが問題になるのです。（三一―二六八、一九七〇・六・四）

3 訓読会

訓読会は、すべての祝福家庭の夫婦同士だけでもしなければなりません。毎日、朝に一時間ずつ。もし朝にできなければ夜寝る前に十二時にでも、一時にでもしなさい。私はしているのです。今回、南米の巡回をする時も、十二時を過ぎて疲れてだるくても、それを実践したのです。抜かすことができません。一日でも。分かりましたか。

『祝福家庭と理想天国』を読まなければなりません。この本は祝福家庭の内容を全部教えてくれ、理想天国の内容を全部教えてくれるものです。先生がこれのために闘ってきた勝利の基盤を、またハイウェイを築いておいたので、ここに高速道路をつくって皆さん全員が自動車になり、ガソリンになり、自動車でこれを最高のスピードで走らなければなりません。（二八八—四一、一九九七・一〇・三一）

＊

時間さえあれば訓読会をしなければなりません。一人でも、トイレにいても訓読会、一日に何時間でも、どこを読んだか記録しておいて、ポケットにはみ言集を入れておいて、いつも訓読会をしなければなりません。「訓読」という言葉をもう一度書いてみてください。言偏に「川」です。み言《ことば》が川の横に行くと、何ですか。神様のみ言がまっすぐな小川に出会ったのです。これを見ると蘇生《そせい》、長成、完成です。「読」という字は言偏に「売」です。売らなければならないのです。もっていると大変なことになります。売らなければ、あげなさいというのです。商品を積んでおいて腐らせては、罰を受けます。(二八九—二九五、一九九八・二・一)

＊

『御旨の道』を読み、『原理講論』を読むのはもちろんですが、『祝福と理想家庭』とか、今まで先生が語ってきたみ言の中で重要なみ言は、サタン世界に対して闘ってきた勝利の記録なのですべて読まなければなりません。ですから私たち統一家においては、父母様と一つになるためには、父母様の歴史的記念である過去、現在闘っている内容が全部含まれているので、その内容と一つになれるようにしながら、ここにあるこのみ言とともに相対的な気分をつくっていかなければならないのです。それは自分を中心として、家庭を中心として、自分の一族、七代まで、そしてこれを横的には百六十家庭、百八十家庭が完全に一つになり、み言を定着させなければならないのです。

先生のみ言は、先生が語ったのではありません。先生が語ったのではないというのです。天が先生を通して語られたみ言です。そのみ言は、皆さんがいつどこで聞いても心が動くようになっています。心が感動すれば、体に一大革命的な変化が起こるのです。そのような力があるのです。（二八八—一六、一九九七・一〇・三一）

＊

集まりがある時には勉強です。夜でも昼でも時間さえあれば勉強です。何百回、何千回、読んで自分のものになるまで。自分がその相対的実体圏をもつ時まで。これからそのようなことをするのです。

統一教会では、座っていると病気になるのです。病気にならないためには一生懸命読み、試験をし、努力するのです。（二八八—四一、一九九七・一〇・三一）

＊

訓読会は、私が千辛万苦、一生積んできたすべての宝箱を民族のために解いてあげることです。誰にでもみな与えるのです。「翻訳もしてはいけない」と言ったのです。翻訳してはいけないのです。民族にはっきりと知らしめるまでです。それを知らなければなりません。分かりましたか。（二九〇—二九、一九九八・二・二）

4 家庭盟誓《カヂョンメンセ》

人間は本来、盟誓した内容（家庭盟誓文）の因縁をもって生まれたのであり、この盟誓の中で生きては死んでいかなければなりません。何の呵責《かしゃく》もなくこの盟誓文を読めなければなりません。（二一一―一六四、一九六一・七・二〇）

これから皆さんは、自分の家庭において、日曜日には敬拝式をしなければなりません。これは何かというと、祝福を受けた人たちの宣言式です。この家庭にはサタンが侵入できないというのです。ですから私たちが家庭盟誓を暗唱するのです。家庭盟誓。それは何かというと、サタン世界と関連がないという宣布です。一週間に様々なことをしたすべてを清算し得る一つの宣布式です。ですから、それを抜かすと問題になるのです。（二一〇―二八〇、一九九〇・一二・二五）

十三　祝福家庭の祭祀《さいし》

1 先祖崇拝は本来、天の法

昔の忠臣の家庭では、良いものがあるとまず国を治めている人に捧げました。これが韓国の忠臣の生活法です。そのような観点から見る時、韓国の礼法は、どこの国にもない天国の中心の内容だというのです。儒教では孔子の教えに従うのですが、その孔子の教えを中心とした礼法を見ると、天法に近いものが多いのです。これから皆さんの子孫たちは、皆さんに対して祭祀を捧げなければなりません。まだ生活規範や葬式の仕方など原理を中心として定められていませんが、その礼法が定まったら、その時からは適当にしてはいけないのです。

これから皆さんは、どのような内容でも、神様が共にしてくださるという信仰をもって自分の環境を屈服させて根を深く下ろし、どのような風雪の中にも育つことのできる生命力をもたなければなりません。そのようになる時、神様が法を立てることも問題になりません。しかし、それができない時は問題だというのです。（三一一二九二、一九七〇・六・四）

＊

故郷に行って何をするのでしょうか。まず墓から精誠を尽くして整えなければなりません。故郷に行って、宗家《そうけ》の長孫《ちょうそん》（長子の長子）の責任を果たせなかったのなら、韓国の風習が先祖にきちんと侍ることなので、碑石も立てるのです。うちのおじいさんが愛された園が荒廃しているので、私が来てその地に木を植えて、うちのおばあさんが好きだった理想の園をつくり、町内をきれいに整え、私によって、故郷の山川が称賛できるこのような姿をつくっておこうというとき、気分がどうですか。そのようにしておけば、故郷で親分になるでしょうか、ならないでしょうか。「親分」という言葉は悪い言葉ですが、今、この意味は、良い意味の善なることの王になり、大将になるということです。（二二九一一四八、一九九一・八・二九）

＊

皆さんは、すべて先祖の顔を代わりにかぶってきた歴史的な復活体です。その歴史がどのくらいになるでしょうか。何十万年になったといいます。そのように長い歴史過程を、結局は私一人をつくるために苦労したというのです。金氏ならば金氏という私一人を誕生させるために、数多くの先祖が来ては逝きました。ですから、私たちは歴史的な結実体です。（四六—一五四、一九七一・八・一三）

＊

先祖の前に恥ずかしくないように生きなければなりません。先祖たちが国を愛したよりも愛さなければならないのです。愛は、一〇〇パーセントを与えるようになれば一二〇パーセントが戻ってくるのです。真《まこと》の愛は、愛すれば愛するほどなくなりません。歴史を動かしてきたのです。（一七九—九三、一九八八・七・一二）

＊

おじいさんとおばあさんが亡くなったのなら、墓参りをしなければなりません。神様が墓に埋められたと考えて、墓参りをしなければならないのです。そして、私一代に、おばあさんとおじいさんに侍ることができない恨を、きょうで贖罪《しょくざい》しなさいというのです。（二二〇—三四九、一九九一・一〇・二〇）

＊

先祖が亡くなった日にはみな集まり、先祖のために祭祀《さいし》の壇を飾り、祭事をします。先生の写真を掲げたその部屋でするなら、（先祖に）祈っても（敬拝しても）罪では

ありません。お餅をついて祭祀《さいし》を捧げても罪にならないのです。（二二二―一〇〇、一九九一・一・二）

＊

統一教会は、先祖に侍ることを許すのです。統一教会は、これからその伝統を受け継いでいかなければなりません。これがこれから真《まこと》の父母を中心とした反対の立場に立つのです。この世の国、この世の伝統ではありません。天の父母、天の国、天の先祖に侍るに当たって、その代を継ぎ、主流思想的、伝統的に、血族たちに千年、万年侍ることのできる王土になります。王に侍ることができ、永遠の太平のみ代を謳《うた》うことのできる国になるのです。その国で生きて過ぎ去っていってこそ皆さんの母親、父親、一家、一族が天国に直行するのです。（二二〇―二二一、一九九一・一〇・一九）

＊

選民圏と血統を重要視しなければなりません。選民圏は長子権です。韓国は長子の国です。韓国が族譜を愛する民族になったのも、みな血統を受け継ぐためなのです。先祖を崇拝し、先祖に祭祀を捧げることは、悪いことではありません。

これからは、儒教思想以上に父母を尊敬する時が来るのです。（二二六―二七七、一九

九二・二・九）

＊

統一教会は、祭祀を捧げてもよいでしょうか。解放ですね！　これからは祭祀を捧げてもかまいません。今までは祭祀を捧げることを天が望みませんでした。先祖を崇拝する韓国の法が天の法です。世界でも独特な民族です。韓国だけがそうなのです。（二四〇―九四、一九九二・一二・一一）

＊

祭祀を捧げる時間は、長孫《ちょうそん》が決定をするのです。ですから夜一時に捧げていたものを朝の五時にすることもできるのです。朝五時にしようとしたのを事情によって朝七時にすることもできるし、昼間にすることもできます。誰がそれを決定するのかというと、亡くなったおじいさん、先祖がするのではありません。長孫が決定をするのです。亡くなったおじいさん、おばあさんも、長孫が決定した時間に来なければ、祭祀の壇につくことはできないのです。それが嫌であっても席につかなければなりません。地が中心です。地で解かれれば天でも解かれるというのと同じです。ですから二つが一つにならなければなりません。（二三一―一六八、一九九二・六・二）

＊

祭祀《さいし》をする時は、叔父（三親等）、いとこ（四親等）、八親等、ひいおじいさんがいたとしても長孫《ちょうそん》をまず立てるのです。韓国の伝統的文化背景に、先祖を尊重視するためにに長孫を立てるのを見る時、この民族は長子権を尊重視する民族だったというのです。（一九七一―三四〇、一九九〇・一・二〇）

＊

父母に親孝行したなら、死んだのちに祭祀を捧げなくてもよいのです。写真を置いて、生きている父母のようにその日を記憶すればよいのです。霊界になんの境界線がありますか。これからは墓地まで行かずに家に集まり、生きている父母のように侍ってお祭りをし、祝えばよいのです。そうすると墓地に行かなくても祝うことができます。

ですから父母の墓は、自分が暮らしている庭に造らなければならないでしょう。西洋では教会の庭に埋めるでしょう。その父母の墓の前に恥ずかしい行動をしてはいけません。亡くなった父母が忠告するのです。愛の定義に外れることがあれば、直接先祖たちが追いかけてきてしかるのです。（二〇六―二九四、一九九〇・一四）

＊

今までキリスト教で、祭祀を捧げられないようにしたのも一理があるのです。祭祀は、神様と全人類の真《まこと》の父母が受けなければなりません。上の代の先祖たちが天でまず侍られなければならないのです。ところが堕落によって、それを今までは禁止してきましたが、今や復帰時代において祝福を受けたので、これからは先祖たちに侍らなければならないのです。（二二三―二一〇、一九九一・一一・一〇）

十四　祝福家庭の生涯儀礼

１出産

愛する息子と愛する娘というのは極めて貴いものです。分かるでしょう。天と地の極めて貴い宝物です。それはお金で買えないし、この世に代えられない宝物です。神様にもそうですし、父親、母親にもそうです。息子、娘を代えることができますか。息子と娘は、神様が下さった貴い贈り物です。（一六五―一〇〇、一九八七・五・二〇）

＊

子供を見ると、神秘的なのです。それを考えると、神秘的だというのです。「やー！　こいつ、どうやって出てきたんだ」という具合にです。どんなに神秘的か考えてみてください。皆さんがそのように人をつくるとすれば、どうでしょうか。それは何千年かかってもつくれないでしょう。（一一八―一二八九、一九八二・六・二〇）

＊

皆さんが生まれる時、母親の腹中から出る時、どんなに大変だったかを覚えていますか。神様はなぜ子供を産む時、このように産むようにされたのでしょうか。ただ簡単に、言うがごとく簡単に、おいしい食べ物を食べるように簡単に、香水の香りが漂うように簡単に、ただうれしくて口を開け、「ははは」と子供を産めるようにしたらどんなに良いでしょうか。なぜそのように産ませずに、汗を流して死ぬか生きるかという限界で産むようにしたのでしょうか。なぜそうしたのでしょうか。どうしてですか。光り輝く愛を見るためにです。（一〇七―四三、一九八〇・一・二〇）

＊

その死ぬような境地で目の玉が飛び出し、すべてのものがみな壊れ、天地にこれは大変だという境地で子供が「おぎゃー」と泣いて生まれると、はっとするのです。痛いことは瞬間に消え去るのです。このように産んだので、その困難以上に愛する

のです。「あらまー！（かわいい）」と言うのです。それは何のことか分かりますか。（二〇七—四三、一九八〇・一・二〇）

＊

娘は、生まれれば七日目に奉献し、息子は、八日目に奉献式をします。（一一—八二、一九六一・二・二）

2　祝福

皆さんは、真《まこと》の父母と完全な因縁を結ぶことができませんでした。ですから、その因縁を結ぶためにしてあげるのが祝福です。（二三—三三二、一九六九・六・一五）

＊

祝福とは何かというと、神様と一つになることです。神様と一つになると全体を背負うようになります。神様のすべてのもの、主体がもっている全体を受けるのです。（祝福家庭と理想天国Ⅰ—五四七）

＊

祝福の場とは、どのような場ですか。祝福の場は、世界で最も良い立場です。その祝福の立場は、誰と関係を結ばなければならないのでしょうか。皆さんは自分自身で完成するのではありません。父母様の愛によって完成されるのです。子供が父母の懐から生まれれば、立派であっても、そうでなくても、その父母の形態に似るのです。それと同じように、統一教会では真《まこと》の父母の道理を教えてくれるのです。それが皆さんには、福の中の福です。(三五―一三六、一九七〇・一〇・一九)

＊

祝福をしてくれるということは、天の全権を移すということを意味します。(一七―三二八、一九六七・四・一六)

＊

祝福は、天地で最も貴いものです。同時に極めて恐ろしいものです。もし夫婦が互いに他のこと(いけないこと)を考えたなら、それは相手を蹂躙《じゅうりん》することです。(一三―六七、一九六三・一〇・一七)

＊

皆さんからまず、善なる先祖、地、国が生まれるのです。ですから祝福を受けた人は、目さえ開ければ天地を考えなければなりません。祝福は、人に福を与えるためのものです。堕落によって汚れた血統を継承したものを転換しなければなりません。これをしなければ原罪を脱ぐことはできないし、原罪を脱ぐことができなければ真の子女として祝福を受けられる段階に上がることができません。原理がそうなっています。堕落によって生まれた原罪を脱ぐ血統転換、すなわち血肉を交換する式が聖酒式です。（三五―三〇一、一九七〇・一〇・三〇）

＊

聖酒には、サタンの讒訴《ざんそ》のない万物の要素がみな入っています。その聖酒を受けて、真の父母と一つになった自分自身を汚す行為をしたなら、サタンよりも汚れた立場に立つようになります。サタンは長成期完成圏を汚し、蹂躪したのですが、祝福を受けた者が間違えると、完成期完成圏で神様の実体を犯した罪が残るようになり、永遠に赦されません。これは実に恐ろしいことです。（御旨と世界―五四三）

＊

結婚式とは、ほかならぬ愛の伝授式です。「神様の愛をもって父母が生きたように、皆さんも父母の愛を神様の愛の代わりに受けて、このように生きなさい！」という愛の伝授式が、結婚式なのです。（九六―一三六、一九七八・一・二一）

＊

祝福を受けた人は、霊界に行っても先生が永遠に責任を取ります。先生が主管し、

指導します。祝福とは、このように先生と永遠の因縁を結ぶものでもあるのです。（御旨と世界―五三三）

＊

祝福を受け、間違えたなら必ず蕩減《とうげん》があります。間違いなくあります。そこには許しがありません。だから統一教会は恐ろしいところです。原理がそうなっています。（御旨と世界―一一七）

＊

先生は今まで新しい祝福、新しい家庭のための蕩減条件を皆さんが立てられるようにしてあげ、皆さんの重い荷物を私が責任をもとうとしてきました。しかし、先生が責任を遂行したにもかかわらず皆さんが天法を犯したなら、その罪は何十代の子孫まで引っ掛かる恐ろしいものです。（二二―二一、一九六九・二・四）

＊

祝福の過程を通過した人と、もう霊界に行った多くの人との価値は、どう違うでしょうか。信仰の基準から見る時、それは相手になりません。このような天的な恩恵を投げ捨てるようになった場合には、サタンが皆さんを讒訴《ざんそ》するようになります。天使長は長成基準でサタンになりましたが、皆さんは完成基準で堕落したので、サ

タンが審判するようになるのです。（御旨と世界―五九）

3 聖和式

今日、人間が死んでいくのがどういうことかを知らなかったのです。それは、悲しみではありません。次元の低い世界から次元の高い世界に愛の橋を通して移動することだというのです。ですから統一教会は、死を「聖和」と言います。次元高く聖和するというのです。それは愛でのみ可能です。（一三七―三一六、一九八六・一・五）

＊

堕落しなければ、人が死ぬことは幸福です。それで統一教会は、死を悲しみとして迎える教会になってはいけないと教えるのです。ですから「聖和式」と言うのです。（一九九―三五三、一九九〇・二・二一）

＊

統一教会では、死んでお葬式をすることを聖和式といいます。死んだ人にすがって泣くのを見ると、死んだ霊が嘆息するというのです。「このように無知で、私の行く道を綱で引っ張って行けないようにするのだ」と言うのです。そのようなことを知っているので、統一教会では聖和式というのです。

天に向かって聖なる飛翔《ひしょう》をするというのです。愛の力をもって押してあげなければなりません。引っ張るのではなく、押してあげなければなりません。(一九九一―一三〇、一九九〇・二・一六)

＊

「聖和式」という言葉は興進君《フンヂン》の時から出てきたでしょう? 「愛勝日」というものの、その愛勝とは何でしょうか。死亡に勝つことです。他の人だったら母親も身もだえし、はいつくばりながら痛哭《つうこく》することですが、母親が涙を流してはいけないのです。三日以内にこの式をしてあげなければなりません。死亡に勝ったのだと宣布してあげなければなりません。ですから統一教会では聖和式が行われるのです。死亡を越えて喜びに向かっていくのです。聖和式を経ていく人たちは、霊界のすべての峠をひゅうっと越えていくのです。もちろんそうできない者たちは、途中で留まりますが……。それを知らなければなりません。聖和式とは興進君から始まったのです。(二二二―九六、一九九一・一・二)

＊

興進君が蕩減《とうげん》して逝くことで、この死亡の塀を、死の塀を壊してしまったのです。

それで「聖和式」と言うのです。死は失望や落胆ではありません。落ちるのではなく、跳躍することです。聖和するということです。統一教会の教会員たちは、死に対しての恐怖をもってはいけません。死は、このような自然の循環の法度によって来るのです。もっと良い世界に移してあげるための手続きなのです。（一九六―二七〇、一九九〇・一・二）

＊

自分の息子である興進が亡くなっても涙を流しませんでした。霊界に行くことは、悲しいことではありません。解放のラッパの音とともに天国の旗を掲げ、足取りも堂々と百戦百勝して天下の錦を飾った旗を掲げて故郷に帰り、民族と人類の歓声をあびて、堂々と入ることのできる還故郷をするのです。悲しいことではありません。統一教会では泣きません。それをなんだかんだと言いますか。聖和式だというのです。（二二七―二六〇、一九九二・二・一四）

＊

私の義理の母になる方も亡くなりましたが、統一教会は「葬式」とは言いません。何と言いますか。「聖和式」。聖和するのです。横的なこの世で生きて縦的な世界の活動舞台に、無限な世界に行くのです。サタン世界では泣きわめくと悪霊が来ます

が、そういう立場は悪霊が訪ねてくることができません。（一九五—一六〇、一九八九・一一・一五）

＊

では、統一教会では葬式を何というのですか。聖和式とは何ですか。変化して一段階上がるというのです。今回おばあさんが亡くなった時も私は泣きませんでした。彼女の行く道を選んであげるのに忙しかったのです。孝子というなら、それ以上の孝子がどこにいますか。（一九六—五五、一九八九・一二・二四）

＊

統一教会は、死んだのちの葬式もそのようにはしません。聖和式です。どこに行くと思って生きますか。この世に怖いものがどこにありますか。天下に怖いものがどこにありますか。罪悪の世界、混乱した世界において自主的な中心の形態をもって、天地の度数に合わせて神様の愛圏内の垂直の場に入るようになります。なぜ垂直の場に入るのでしょうか。その場には影がありません。すべてのものが完成です。その次に、これが回るようになるので、回る環境全体が垂直化されます。男性を中心として女性が一つになれば、その男性と女性を中心としてその環境はすべて幸福圏になるのです。（一九八—一二四、一九九〇・一・二五）

十五　記念日を迎える心の姿勢

1 記念儀式の意義

公的な日を思慕する心をもたなければなりません。このような伝統を立ててこそ、子孫たちの生活的伝統を立てることができるのです。公的な日は天が喜ぶ中で、すべてのことを互いに共に分け合って楽しく過ごさなければなりません。この日は、家庭を基準として天的な法度を立てていく日です。

人間が堕落して以降、歴史過程を通したこの人間世界に現れた記念日は、神様を喜ばせるのではなくてサタンが喜ぶ日として現れたという事実を知らなければなりません。国が独立した日を記念するとか、世界的なある行事をする日はすべて、堕落圏内で成されているというのです。（九二―二五〇、一九七七・四・一八）

＊

原理的観点から見る時、人間が最も願う祝いの日、希望の日があるとすれば、その日は自分が生まれた日でもなく、自分が結婚した日でもありません。自分の国を失った国民の一人として国を取り戻した、または国家が独立した日でもないというのです。皆さん、それを知らなければなりません。

人間において最も希望の日、願う日があるとすれば、「神の日」、「父母の日」です。その日が地上に生まれる、それだけが私たち全体の願いになったという事実を知らなければなりません。「神の日」と、「真《まこと》の父母の日」が始まるようになると、その次には「子女の日」も、「万物の日」も自然と連結されるのです。（九二―二五二、一九七七・四・一八）

＊

今日、この地上に生きている人は誰も「神の日」を祝った人はいないし、「真の父母の日」を祝った人もいないし、「真の子女の日」を祝った人もいないし、「真の万物の日」も祝った人がいないというのです。一年三百六十五日というならば、三百六十五日が連結されるすべての日の中で最も重要な日とは何かというと、今、語っている摂理史に現れる、このような日であるという事実を確実に知らなければなりません。その日はその中でも、王の日のようなものです。そのような年があった

なら、年の中でも王の年だという事実を知らなければなりません。（九二―一五二、一九七七、四・一八）

＊

統一教会で、私たちが祝っている名節や記念日は、サタン世界と闘って血のにじむ闘争を通して成就した摂理的な勝利の日なのです。絶対的な勝利の成就を記念する日なので、神様と真の父母様に対する感謝と有り難い心でこの日を迎えなければなりません。

2　儀式のための礼服は端正に

先生は最上の高い立場、天の宝座に行くのですが、皆さんはみなついてこられません。祝福という貴いものを受けたので門は開いていますが、行こうとしても行くための礼服を着られませんでした。祝いの家に行くのに、礼服を着て行くべきではないですか。介添人として行くのに、田舎の農夫のズボンをはいていってもよいでしょうか。そこに合う装いをしてその立場に行ってこそ、その環境に歓迎されるに足るのであって、そうでなければ追放されるのです。「こいつ、どけ！」と言われるのです。ここには誰でも来られるのではなく、また、ただ来ることもできません。必ず礼服を備えて来なければならないのです。(二二二―二二六、一九九一・一一・六)

＊

祭物は、その人の生命に代わり、その人の理念に代わります。祭物として捧げるものを買うときは、値切らずに少しでも多くあげなさい。礼服の生地を買うときも同じです。(三七―二七九、一九七〇・一二・三〇)

文庫版

礼節と儀式

2012年3月20日　初版発行

著　者　文《ムン》 鮮《ソン》 明《ミョン》
編　集　世界基督教統一神霊協会
発　行　株式会社　光　言　社
〒150-0042　東京都渋谷区宇田川町37-18
http://www.kogensha.jp

印　刷　株式会社　ユニバーサル企画

ISBN978-4-87656-350-0